W0229128

Das Buch

Die Berichte des Tauchers Reinhard Öser sind ein Plädoyer. Dass wir uns mit der Geschichte befassen sollten, weil diese in unsere Gegenwart reicht. Und dass wir alles tun müssen, um unsere Unterwasserwelt vor gravierenden Schäden zu bewahren. Auf dem Grund der Ostsee liegen nämlich nicht nur museale Wracks, sondern auch Massen an Munition und chemischen Kampfstoffen, treiben Geisternetze und Plastikmüll umher. Öser berichtet gleichermaßen aufregend wie sachlich und nüchtern.

Der Autor

Reinhard Öser, Jahrgang 1960, war einst Offizier bei den Kampfschwimmern der Volksmarine. Daraus machte er später seinen Beruf. Als Unterwasserarchäologe taucht er im Auftrag von staatlichen Institutionen in nationalen und internationalen Gewässern. Dazu betreibt er ein Netzwerk mit Forschungs- und Marinetauchern, Wissenschaftlern und engagierten Freizeittauchern. Sie suchen nach untergegangenen Schiffen in Archiven und auf dem Meeresgrund, dokumentieren ihren Zustand und machen Pläne für den Umgang mit diesen Zeitzeugen.

Reinhard Öser

Auf dem Grund des Meeres

Unterwasser-Archäologen in der Ostsee unterwegs

Das Neue Berlin

Inhalt

Taucher sind Männer, die unter Wasser oder in unatembarer Luft leben und arbeiten können. Taucher sind Männer großer Muskelkraft, mit gesunden Organen. Es gibt keinen zweiten Beruf, der so hohe Anforderungen an körperliche Leistungsfähigkeit stellt. Taucher sind Männer hoher geistiger Kräfte, von Verstand und einwandfreier Moral. Sie haben so vielseitigen Gefahren zu trotzen, dass an ihre Geistesgegenwart und Beobachtungsgabe höchste Anforderungen gestellt werden.

Hermann Stelzner (1884–1942),
deutscher Ingenieur und Erfinder (u. a. Tauchretter),
Direktor des Drägerwerks in Lübeck

Vorbemerkungen

Der Zweite Weltkrieg ging auch auf der Ostsee im Mai 1945 zu Ende. Seit 1600 sanken etwa dreitausend Schiffe und Boote auf den Meeresgrund, die meisten kamen zwischen 1939 und 1945 hinzu. Damit war das Kapitel »Zweiter Weltkrieg« keineswegs beendet. Viele der Wracks bergen eine Fracht, die noch immer lebensgefährlich ist: Granaten, Torpedos, chemische Kampfmittel. Allein von den Giftstoffen der Wehrmacht wurden nach dem Krieg von den Siegermächten vermutlich rund 65 000 Tonnen in der Ost- und Nordsee »entsorgt« oder »verklappt«, wie es beschönigend heißt. Man kippte das Zeug außenbords oder versenkte es mit dem Schiff, mit dem man diese Hinterlassenschaft aufs offene Meer hinausgebracht hatte.

Die Wracks und ihr Inhalt stellen eine reale Gefahr für die Schifffahrt, für die Fischer und für die Umwelt dar. Der Kriegsschrott wurde zwar aus den Fahrrinnen entfernt, aber es gibt ihn noch überall. Das erfahren nicht nur die Fischer, wenn ihre Netze sich dort verfangen oder wenn sie mit dem Fang auch Giftgasgranaten nach oben befördern. Und auch die Lebensmittelforscher, die die Fische untersuchen, gelangen mitunter zu verräterischen Befunden.

Ich gehöre zu einem Netzwerk von Marine- und Forschungstauchern, die systematisch nach historisch interessanten oder eben auch gefährlichen Hinterlassenschaften auf dem Grund der Ostsee suchen. Viele Fundstellen sind inzwischen bekannt, dann schauen wir regelmäßig nach dem Rechten: Wie ist der Zustand des Wracks, gab es Veränderungen, welche Gefahren gehen davon aus? Manche Objekte müssen erst aufgespürt werden, nach denen zuvor in den Archiven recherchiert worden ist. Die Vorarbeiten sind oft zeitaufwendiger als das Tauchen selbst. Und dann, wenn das Gesuchte gefunden ist, muss mit den zuständigen Behörden besprochen werden, wie weiter verfahren werden soll.

Es gibt nur zwei Möglichkeiten: liegen lassen oder bergen. Tatsächlich müssten weitaus mehr Wracks und vor allem deren Ladungen gehoben werden, als dies der Fall ist. Es handelt sich um tickende Zeitbomben. Irgendwann ist jeder Behälter und jeder Granatkörper durchgerostet und gibt seinen Inhalt frei. Die Alliierten versenkten nach dem Krieg allein in deutschen Gewässern mehr als 1,6 Millionen Tonnen Munition. Nicht zu reden von den schon erwähnten chemischen Kampfstoffen.

Damals wollte und musste man so schnell wie möglich abrüsten und entmilitarisieren. Darüber sollten wir uns heute nicht entrüsten. Man bedachte nicht die Langzeitfolgen, war wohl auch ein wenig naiv: Die Weltmeere schienen unendlich, in dieser Wassermenge würde sich schon alles irgendwann und irgendwie in Wohlgefallen auflösen. Was es, wie wir heute entsetzt feststellen, aber nicht tut. Deshalb müsste man, bevor es dafür zu spät ist, den gefährlichen Kriegsmüll zumindest in einem Binnenmeer wie der Ostsee bergen.

Aber wer sollte das tun, besser gesagt bezahlen?

Die Bundesrepublik Deutschland sieht sich als Rechtsnachfolgerin des Deutschen Reiches, in ihrem Verständnis gibt es eine Kontinuität von 1871 bis heute. Deshalb zahlt sie z. B. auch an einstige Angehörige der Waffen-SS in Belgien oder Lettland eine Rente. Wer mit dem Nazireich kollaborierte, das heißt Deutschland »diente«, erwarb einen solchen Rechtsanspruch. Was für Menschen gilt, gilt auch für Güter. Die Bundesrepublik Deutschland ist folglich Eigentümer auch aller Hinterlassenschaften auf dem Meeresgrund, die »Made in Germany« sind. Sie müsste sie bergen und entsorgen. Da aber beginnt schon der Rechtsstreit der Winkeladvokaten und Völkerrechtler. Die Schiffe wurden vom Gegner bei Kriegshandlungen versenkt, die Flugzeuge abgeschossen. Und was nach 1945 die Alliierten mit den Resten taten, lag außerhalb des deutschen Rechts ...

So rührt denn keine Seite ernstlich an der Lage und spricht nicht über die zwingend notwendige Kampfmittelberäumung in der Ostsee. Der Koblenzer Meeresbiologe Dr. Stefan Nehring hat 2008 erstmals eine Rechnung aufgemacht. Er trug alle Unfälle mit Munitionsaltlasten und versenkten chemischen Kampfstoffen zusammen, die sich in der Nord- und Ostsee seit Juni 1945 zugetragen hatten. Ungeachtet der Tatsache, dass er von einer hohen Dunkelziffer ausgeht, weil etliche Akten unverändert verschlossen sind, aktualisiert er fortgesetzt diese Statistik. Bis Januar 2016 waren ihm mindestens 418 Todesfälle und 720 Verletzte bekannt geworden. Das waren Unfälle, die während der Verklappung von Munition und Kampfstoffen durch die Alliierten, aber auch durch Einrichtungen der BRD und der DDR geschahen, Unfälle in der Fischerei, in der Schifffahrt etwa durch Minenkollisionen, beim Baggern, bei Bergungen oder Wasserbaumaßnahmen. In den letzten Jahren nahmen die Unfälle an Stränden zu: Urlauber griffen nach vermeintlichen Bernsteinen, die tatsächlich Giftklumpen waren. Es existiert zwar ein Bund-/Länder-Expertenkreis »Munition im Meer«, der 2011 und 2013 Berichte zum Thema veröffentlichte, doch das ist zu wenig. Nehring meint, noch immer werde vieles ignoriert oder versäumt, weiteren Vorfällen an besonders gefährdeten Stränden durch klare Verbote vorzubeugen. Bis heute, mahnt der Koblenzer Fachmann, würden die Folgen von Kampfstoffunfällen vor allem in der Ostsee-Fischerei zu wenig beachtet. »Keine offizielle Stelle hat bis heute die Initiative ergriffen, dieses lebensgefährliche Problem für Fischer und Verbraucher zu lösen.«

Nur wenn man aus musealen Gründen an diesem oder jenem Wrack besonders interessiert ist, werden Mittel zur Bergung bewilligt. Das gehört zu der angenehmen Seite meiner Tauchtätigkeit und nennt sich Unterwasserarchäologie. Dabei geht es um die Erhellung eines bestimmten Teils unserer Geschichte, der im Verborgenen liegt.

1982 bildete sich auf der Insel Rügen eine »Interessengruppe Meeresarchäologie«, daraus wurde später der »Landesverband für Unterwasserarchäologie«, der sich auch die Suche und Sicherung von Schiffswracks auf die Fahnen schrieb. In Abstimmung mit dem Landesamt für Kultur und Denkmalpflege Mecklenburg-Vorpommern führen Taucher archäologische Untersuchungen unter Wasser durch. Mit diesem Amt arbeiten ich und mein Netzwerk zusammen. Mecklenburg-Vorpommern ist das Bundesland mit der längsten Küste, man geht von 1712 Kilometern aus. Auf Denkmale an Land wird von der Öffentlichkeit geachtet, es gibt Verantwortliche, die für ihren Schutz zuständig sind. Bei Unterwasserdenkmalen gibt es diese Sicherheit nicht. Weltweit sind nicht wenige Abenteurer unterwegs, die nach Wracks tauchen, um dort mit modernster Technik vermeintliche Schätze zu finden.

Unser Anliegen ist es, verschollene Wasserfahrzeuge aufzuspüren, diese zu sichern und zu dokumentieren. Dazu gehört mitunter auch, bestimmte Teile abzuformen, die dann in Museen und Ausstellungen gezeigt werden können. Es gibt auch organisierte Tauchgänge mit Interessenten. Das ist wie ein geführter Museumsbesuch an Land, eine Art »weicher Tourismus«, der sich nicht nur in Mecklenburg-Vorpommern als Wachstumsbranche erweist. Auch das gehört zur Tätigkeit meines Unternehmens »Marine Research Germany«.

Nachfolgend berichten Kollegen und ich über einige Entdeckungen der letzten Jahre, über Tauchgänge und Recherchearbeiten. Nicht alles, was wir fanden, stand in der Zeitung oder wurde im Fernsehen gezeigt. Und das ist auch gut so, wie Beispiele beweisen, bei denen das Geheimnis keines mehr war und sich die Grabräuber bedienten.

Dieses Buch wurde möglich durch Ingo Oppelt, Hamburg, der als treuer Expeditionsbegleiter half, Wracks zu finden, und Kapitän Jan Kuik aus den Niederlanden, der mit seinem Expeditionsschiff »Zephyr« immer den richtigen Kurs steuerte. Gleichfalls dankbar bin ich Fregattenkapitän a. D. Wolfgang Müller und Dr. Thomas Förster, beide aus Stralsund, für wichtige Informationen. Martin Möller aus Schwerin, Peter Klink und Sebastian Dellwig, Bonn, halfen bei Archivrecherchen und mit redaktioneller Zuarbeit. Dank geht auch an Hauptmann a. D. Wolfgang Frank, Prora, Oberstleutnant Ralf-Gunter Leonhard sowie an Oberleutnant Torsten Radtke vom Militärhistorischen Museum Flugplatz Berlin-Gatow als Partner bei der Bergung einer Ju-88. Nicht minder zu Dank verpflichtet bin ich Eyk-Uwe Pap, Rostock, und Eckhardt Zschiesche, Westküne, für die Unterstützung bei der Kampfmittelbergung, Dr. Stefan Nehring für seinen Beitrag über die Altlasten, dem Sassnitzer Kapitän Kai Briesewitz von der »Westbank«, dem Archiv der Marineschule Flensburg-Mürwik, dem Deutsche Marinemuseum Wilhelmshaven, Klaus Mattes, Langenselbold, für die Unterstützung bei der Archivarbeit, dem Berliner Kay Stephan und Dr. Andreas Kloft aus Düsseldorf für die Unterwasserfotos, die sie für diesen Band zur Verfügung stellten.

Und ganz besonders danken möchte ich den vielen namentlich nicht genannten Tauchern, ohne deren Einsatz unsere Forschungen in den teilweise gefährlichen Tiefen der Ostsee nicht möglich waren und sind.

Reinhard Öser
Berlin, im März 2016

Reinhard Öser und Judith Ullrich,
Schülerpraktikantin, im Mai 2015 beim
Tauchen in der westlichen Ostsee
vor der Insel Langeland

Vision
»Unterwassernationalpark Jasmunder Bodden«

In den 90er Jahren setzte eine Diskussion darüber ein, das Gebiet vor der Ostküste der Insel Rügen zum Nationalpark zu erklären. Mit organisiert geführten Tauchgängen im deutschen Territorialgewässer sollten beispielsweise Bodendenkmale (zu denen auch Wracks gehören) besucht werden. Damit hoffte man den Tourismus zu beleben. Inzwischen muss der Tourismus an der Ostseeküste nicht mehr belebt werden. Mecklenburg-Vorpommern ist das einzige Bundesland, das seit der Jahrtausendwende zweistellige Zuwachsraten verzeichnet, 2014 war es erstmals das beliebteste Reiseziel der Deutschen.

Zudem: Mecklenburg-Vorpommern verfügt mit der »Halbinsel« Jasmund auf Rügen, mit der Gegend um den Müritzsee und der Vorpommerschen Boddenlandschaft bereits über drei Nationalparks, hinzu kommen noch sieben Naturparks. Die Ausdehnung von Deutschlands kleinstem Nationalpark, nämlich Jasmund, mit Kreide-Kliffküste, Mooren, Trockenrasen und Buchenwald (der überdies zum UNESCO-Welterbe gehört), schien also nicht mehr erforderlich. Außerdem wurden langsam die Mittel knapp. Inzwischen sprechen nur noch Taucher vom »Unterwassernationalpark Jasmunder Bodden«, den es natürlich offiziell nicht gibt.

Um die Jahrtausendwende, als man noch großzügig plante, erteilte mir das Landesamt für Kultur- und Denkmalpflege, Abteilung Unterwasserarchäologie, für das ich inzwischen seit Jahrzehnten tätig bin, den Auftrag, systematisch Unterwasserfundstellen zu erfassen und zu prüfen, ob man nicht vor jedem Wrack ein Schild mit dem Hinweis »Technisches Bodendenkmal« anbringen sollte. Damit würden diese Objekte den gesetzlichen Regelungen und vor allem dem Schutz der Gesellschaft unterworfen werden. Wrackräuber etwa hätten dann mit juristischen Konsequenzen zu rechnen. Und außerdem war eine solche Beschilderung hilfreich für organisiert geführte Tauchgänge beim Unterwassertourismus.

Ein Zielobjekt, zu dem man mich schickte, war das Wrack der »Jürgensby«. Das Dampffrachtschiff war 1943 nördlich von Rügen gesunken, und zwar dort, wo die Betonnung der Fahrrinne Sassnitz-Trelleborg endet bzw. beginnt. Der Lageort des Schiffs war bekannt, ebenso dessen Fracht: Kohle. Diese wurde von der Deutschen Seebaggerei (seit 1970 VEB Bagger-, Bugsier- und Bergungsreederei Rostock [BBB]) nach dem Krieg aus dem Wrack gesaugt. Kohle war damals ein lebenswichtiger Rohstoff.

Der Seehydrografische Dienst der DDR, zwischen 1950 und 1990 zuständig für das Seekarten- und Seezeichenwesen, hatte etwa 2000 Tonnen – genannt schwimmende Seezeichen – vor der Ostseeküste gesetzt und war auch für deren Pflege und

Der 1943 nördlich von Rügen gesunkene Frachter »Jürgensby«, vermutlich war er überladen

Wartung verantwortlich. Allerdings schien jene Ansteuerungstonne zu dicht neben das Wrack gesetzt worden zu sein, so dass man befürchtete, die Ankerkette des Seezeichens könnte über das Wrack streifen und es dabei zerstören. Ich sollte also in vierzig Meter Tiefe nach dem Rechten schauen und den Zustand der »Jürgensby« dokumentieren. Das geschah im Jahr der Jahrtausendwende.

Die Geschichte des Dampffrachters ist kurz und darum rasch erzählt, es ist auch wenig Spektakuläres dabei und vieles nicht bekannt.

Der Dampfer war 1921 in britischen Bideford gebaut worden, es trug die Baunummer 1, was eventuell einen Hinweis liefert, warum 22 Jahre später das Schiff aus unbekannten Gründen sank, wie es offiziell hieß. Nach meinen Feststellungen am Wrack gab es keinerlei Zerstörungen, die auf einen Torpedo, eine Mine oder Fliegerbombe hinwiesen. Ich vermute, dass einfach die Statik des Schiffes nicht stimmte und der Frachter – mit 799 BRT ausgewiesen – überladen war.

Das Dampfschiff lief unter britischer Flagge und dem Namen »Hubbastone«, Ersteigentümer war Hansen Shipping, London. Irgendwann wurde es an einen deutschen Kaufmann und Reeder in Flensburg verkauft, der gab ihm den Namen eines Stadtteils der Hansestadt: Jürgensby. Nach Kriegsbeginn wurde die »Jürgensby« wie andere Schiffe beschlagnahmt und für Transportaufgaben der Kriegsmarine eingesetzt. Die Reederei verlor alle Schiffe bis 1945. Nach dem Krieg setzte sich die wahrlich dramatische Unternehmensgeschichte mit etlichen Standort- und Eigentümerwechseln, Pleiten und Selbstmorden fort. Heute gibt es in Flensburg die Christian Jürgensen, Brink & Wölffel Schiffsmakler & Umschlags GmbH (CJBW), die mit dem Datum 1919 wirbt – solange sei man bereits als Schiffsmakler in Flensburg ansässig.

Wie auch immer: Die »Jürgensby« wurde am 21. Mai 1940 von einer deutschen Fliegerbombe im Ärmelkanal getroffen und schwer beschädigt. Und damit es nicht dem Gegner in die Hände fiel, versenkte die Besatzung das Schiff. Vier Monate später wurde es gehoben, wahrscheinlich von der italienischen Bergungsfirma Serra, und anschließend wieder instandgesetzt. Danach fuhr das Dampffrachtschiff als Kanalinselversorger.

Am 24. Juni 1943 sank die »Jürgensby« vor Arkona. Aus den Archivunterlagen, soweit vorhanden, lässt sich schließen, dass sie mit Kohle aus Stettin kam und nach Lübeck sollte. Völlig unbekannt bleibt jedoch, wie viele Seeleute an Bord waren und wie deren Schicksal ausschaute.

Das Wrack, das ich vor etwa anderthalb Jahrzehnten erstmals betauchte, lag auf 54° 16,00 N, 13° 56,00 E in der Nähe der Ansteuerungstonne »Arkona«. Die Grundtiefe an dieser Stelle beträgt 42 Meter. Das Schiff – etwa sechzig Meter lang und sieben Meter breit – lag auf der Steuerbordseite auf meist kiesigem Grund, im Umfeld waren noch Spuren der Ladung zu finden. Die Brücke steht auf 36 Meter Tiefe. Sie befand sich einst über dem Maschinenraum und war vom Unterkunftteil getrennt. Es gab eine kleine Kombüse und ein paar Kojen.

Taucher am Wrack der »Jürgensby« in etwa vierzig Metern Tiefe. Trotz völliger Dunkelheit sind die Überreste des Frachters aus Flensburg üppig überwachsen

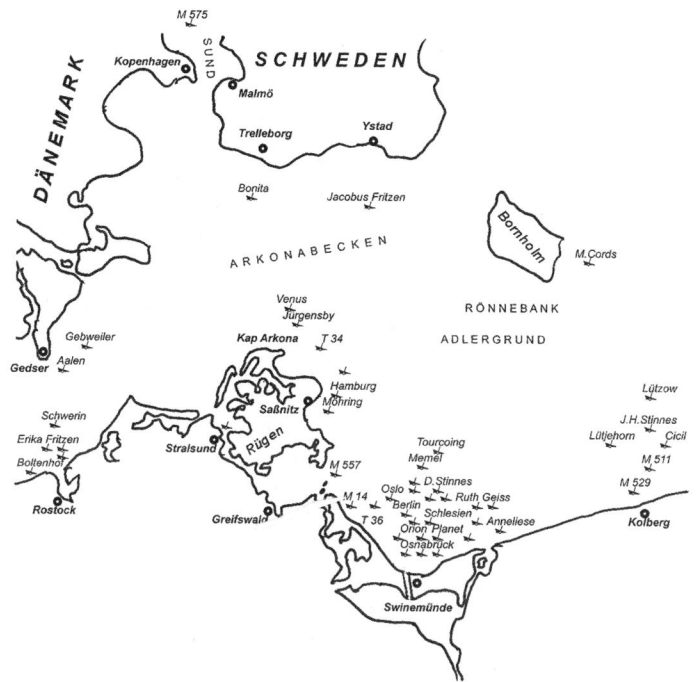

Der Schornstein lag auf dem Deck des Wracks zwischen der Brücke und den Aufbauten. Das Deck und die Aufbauten waren bereits stark durchgerostet und erlaubten einen Blick ins Innere. An Deck waren viele Gegenstände zu entdecken, darunter einige Boxen mit unterschiedlicher Munition, meist Kaliber 3,7 cm. Im Bug des Wracks fand ich einen einzigen großen, leeren Raum.

Ein besonderes Merkmal des Wracks ist das runde Heck, das sogenannte Dampferheck. Inzwischen bedeckten Miesmuscheln vollständig die obere Bordwand. Bruchstücke neben dem Wrack wurden von sehr feinem Sediment bedeckt. Und natürlich fehlten nicht die Reste von Schleppnetzen. Doch dem Landesamt in Schwerin konnte ich beruhigende Meldung machen: Die Ankerkette der Tonne ist nicht annähernd in die Nähe des Wracks genommen, die »Jürgensby« ist unversehrt, das einzige Problem die herumliegende Munition.

Die »Guschi« hatte Holz
geladen, mit dem sie unterging.
Auf dem Meeresboden,
im und außerhalb des Wracks,
liegen die Rundhölzer

Das Dampffrachtschiff »Guschi«, gesunken 1935

Am Rande des nicht existenten Unterwassernationalparks Jasmunder Bodden liegt seit 1935 ein Frachter namens »Guschi« in etwa vierzig Metern Tiefe. »Guschi II«, der Nachfolger, war in die deutsche 9. Landungsflottille im norwegischen Narvik eingebunden, wurde im März 1946 nach Warnemünde überführt und als Reparationsgut in die Sowjetunion überstellt; über das weitere Schicksal dieses Motorschiffes ist nichts bekannt.

Auch von der »Guschi« wissen wir wenig. Das Schiff war mit einer Ladung Rundholz unterwegs, als es fünfzehn Seemeilen vor Arkona sank. Vielleicht war es überladen, eventuell verrutschte die Ladung bei schwerer See, auch eine technische Havarie ist denkbar. Bei der Untersuchung des Wracks ließ sich der Grund für den Untergang nicht mehr feststellen. Man vermutet, dass die »Guschi« um 1910 gebaut wurde und verglichen werden kann mit dem Dampfschiff »Aenne« der Reederei Kunstmann. Die »Aenne« war etwa 40 Meter lang und sieben Meter breit und hatte knapp 300 BRT.

Angetrieben wurde die »Guschi« durch eine technische Besonderheit: eine druckgetriebene Dampfmaschine, die mit sogenanntem Sattdampf arbeitete. Bei der Sattdampfmaschine lagen alle Siederohre für die Dampferzeugung in einem Wasserbett, und sie verfügte über ein zweites Röhren-

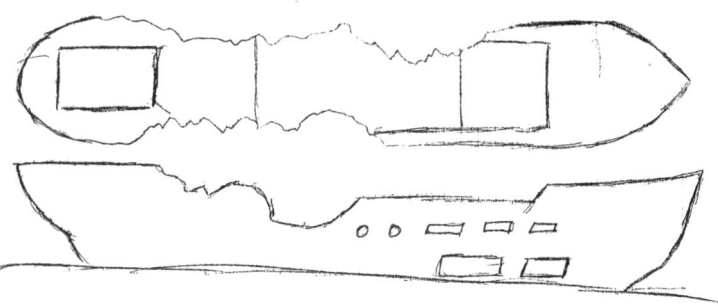

Skizze des Wracks der »Guschi«, wie es 2014 vorgefunden wurde

So hat die »Guschi« vermutlich ausgesehen – baugleicher Dampffrachter »Aenne« der Reederei Kunstmann in Hamburg

system, das vom Feuer oder den heißen Rauchgasen bestrichen wurde. Dadurch wurde der Dampf »überhitzt« und erreichte Temperaturen um 350 Grad Celsius. Im Wrack fanden wir im Kohlebunker Koks und Steinkohlereste.

Erstmals suchten wir 2014 das Wrack mit 18 Tauchern auf. Wir bestiegen im Stralsunder Hafen auf dem Dänholm ein Arbeitsboot und fuhren in das Seegebiet östlich von Arkona. Bei den Tauchgängen setzten wir autonome Leichttauchgeräte mit Pressluft und etwas schwerere Tauchtechnik mit Trimix ein. Unsere Aufgabe bestand darin, das Wrack und das Umfeld der »Guschi« zu untersuchten, alles zu vermessen und Vorschläge für das weitere Vorgehen zu machen.

Die SS »Guschi« lag auf Position 54° 44,00 N, 13° 50,00 E. Der Zahn der Zeit hatte deutliche Spuren hinterlassen, die Wände an Backbord und Steuerbord waren teilweise eingefallen und zerstört, was vermutlich daran lag, dass viele Schleppnetze über das Wrack gegangen waren. Der Schiffskörper aus Stahl war reichlich mit Sediment bedeckt. Bei unseren Untersuchungen fanden wir etliche Ausrüstungsgegenstände, so etwa im Bugbereich ein gut erhaltenes Steingutgefäß.

Allerdings warf der Zustand des Wracks die Frage auf, ob eine Konservierung als technisches Bodendenkmal lohne. Eine Bergung schlossen wir aus: zu aufwendig, zu teuer, eine Restaurierung an Land nicht zu rechtfertigen, dazu war es nicht alt und exklusiv genug. Ich schlug vor, die verwertbaren Relikte zu bergen und das Wrack künftig für geführte Tauchgänge auch

Schweben über dem Stahlrumpf des Dampffrachters

Steingutgefäß unter dicker Sedimentschicht: das Wrack des 1935 gesunkenen Dampffrachters »Guschi«

mit Unterwasserarchäologen zu nutzen, da es gut zu erreichen war. Meinen Bericht an das Amt in Schwerin schloss ich mit dem Vorschlag:

»Das Schiffswrack ist ein Bodendenkmal von Bedeutung für die regionale und nordeuropäische Geschichte, es stellt zudem eine wichtige archäologische Quelle des Schiffbaus und der Schifffahrt sowie des Handels in der Ostsee dar.

Es wird empfohlen, in Expeditionen das Wrack genauer zu untersuchen, um weitere Erkenntnisse zu gewinnen, vor allem aber, um Veränderungen am Wrack zu dokumentieren. Dies schließt Forschungen in einschlägigen Archiven ein, da über das Schiff wenig bis nichts bekannt ist.

Da nicht nur dort, sondern auch an anderen Wrackfundstellen Haupt- und Nebenverkehrswege sowie Fischereigebiete liegen, empfehle ich den stärkeren Einsatz von Sonartechnik in Kooperation mit privaten Unternehmen, dem Bundesamt für Seeschifffahrt und Hydrografie (BSH) oder dem Marineamt, weil damit schneller und ungefährlicher operiert werden kann als mit Tauchern. Dadurch wären wir in der Lage, eine Gesamtübersicht der Wracks und ihres Umfeldes systematisch zu erstellen. Auf dieser Basis könnte gezielter getaucht werden.

Ich empfehle zudem Rücksprache mit dem Inspekteur der Deutschen Marine und dem Befehlshaber der Flotte, dem BSH und dem See- und Marineamt des Bundesgrenzschutzes sowie den Fischereibehörden, um diese zu bewegen, dass sie in ihrem Zuständigkeitsbereich für eine größere Rücksicht bei bekannten Wrackfundstellen wirken. Dafür sollten auch die vorhandenen Datenbanken, in denen Fundplätze eingetragen sind, gemeinsam genutzt werden. Weiterhin sollten wir den Tauchklubs und Veranstaltern von Tauchexpeditionen in der Ostsee noch stärker als bislang bewusst machen, dass es sich bei Wracks um schützenswerte technische Unterwasser-Denkmale handelt, inklusive der in den gesunkenen Schiffen befindlichen Gegenstände. Sie müssen vor Plünderungen geschützt werden. Die Entfernung von Teilen erfüllt den Straftatbestand des Diebstahls und wird juristisch verfolgt.

Wir sollten mehrsprachige Informationstafeln vor diesen Denkmalen anbringen, auf denen Mitteilung über das Wrack und seine Geschichte gemacht wird, aber auch, um vor Grabschändungen und Plünderungen zu warnen.«

Das Wrack des 1941 vor Trelleborg
gesunkenen Motorfrachters
»Bonita« mit dem Niedergang
von der Brücke zum Deck

Das einzige Turretschiff
in der Ostsee, versenkt 1942

Fünf Seemeilen vor Ystad – der vor allem durch den schwedischen Kriminalkommissar Wallander bekanntgewordenen Hafenstadt – liegt in 45 Meter Tiefe die »Jacobus Fritzen«. Der zweite Teil des Schiffsnamens ist der der Reederei in Emden, die im Laufe ihrer Existenz, sie war 1879 gegründet worden, wiederholt Standort, Eigentümer und Namen wechselte. Vornehmlich die in den ersten Jahrzehnten des Jahrhunderts gekauften Frachter, welche hauptsächlich Erz und andere Rohstoffe beförderten, trugen den »Fritzen« im Schiffsregister und auf der Bordwand, etwa »Herta Engeline Fritzen« oder »Katharina Dorothea Fritzen«.

Das aber wusste ich noch nicht, als mich schwedische Kollegen auf ein Wrack aufmerksam machten, dass in ihrem Territorialgewässer lag, und von dem sie annahmen, dass es sich vermutlich um einen Frachter namens »Dalemoore« handelte. Ich machte mich auf nach Großbritannien. In Portsmouth gibt es nicht nur den größten Militärhafen Europas, sondern im Vorort Gosport eines der interessantesten Marinearchive der Welt. Ich wälzte die Akten und stieß auf die *turret ships,* von denen ich zwar schon mal gehört, aber keine Ahnung hatte. Ich erfuhr aus den Unterlagen, dass 182 davon gebaut worden waren. Und eines hieß »Dalemoore«.

Am 16. Mai 2005 tauchten wir erstmals hinunter.

Der Schüttgutfrachter »Jacobus Fritzen«, 1927 an der Emdener Mole

Das Wrack auf Position 55° 10,00 N, 13° 38,00 E lag mit
Backbord auf kiesigem Grund und war erstaunlich gut erhalten. Mittschiffs klaffte ein ziemlich großes Leck. Es gab keine
Strömung, und die Sicht unterhalb der Sprungschicht war
gut. Ohne Lampe allerdings sah man wenig bis nichts, über
uns waren mehr als 30 Meter Ostseewasser. Auch an diesem
Schiffswrack hingen abgerissene Stellnetze und die gefährlichen, da kaum sichtbaren »Geisternetze« aus feinmaschigen
Kunstfasern. Es war leicht möglich, ins Innere des Wracks zu
schauen. Neben den beachtlichen Laderäumen konnten wir
auch den Maschinenraum mit den gewaltigen Dampfmaschi-
nen besichtigen und fotografieren. Ein Teil der Decksaufbauten lag verstreut auf dem Meeresboden und war leicht im Sediment eingesackt. Da das Schiff auch bewaffnet gewesen war,
war diverse Munition zu sehen.

Ich steckte mir einen schwarzen Klumpen ein. Daheim in
Berlin brachte ich ihn in ein Labor der Humboldt-Universität,
dort stellte man verschiedene Untersuchungen damit an, um
mir anschließend zu sagen, dass es sich um Eisenerz aus Schweden handele.

Das schien meinen Verdacht zu bestätigen. Letzte Gewissheit wollte ich mir in Emden holen. Zwar gab es die Fritzen-
Werft nicht mehr, wohl aber einen Verein, der die Unternehmensgeschichte dokumentiert hatte. Ich legte die Fotos vor,

die ich in der Ostsee vor Ystad gemacht hatte, die Betriebshistoriker zeigten mir Schiffsbilder, und wir kamen zu dem übereinstimmenden Ergebnis, dass dieses Wrack die »Jacobus Fritzen« war. Damit war es identifiziert.

Bei den Archivrecherchen hatte ich zwischenzeitlich die weiteren Fakten, zu diesem Schiff erfahren. Das über 106 Meter lange Dampfschiff war am 14. Oktober 1942 von einem sowjetischen U-Boot versenkt worden. Bis zum Limit war der Frachter beladen mit schwedischem Eisenerz, das für Rüstungsschmieden in Nazideutschland bestimmt war. Die Biografie der »Jacobus Fritzen« glich somit der vieler Schiffe, die auf dem Grund der Ostsee ruhen. Allerdings ist es das einzige Turretschiff in unseren Gewässern. Und das macht dieses Wrack für Taucher und technisch Interessierte so bemerkenswert. Denn immerhin wurden von diesem Schiffstyp 182 Exemplare gebaut. Und das ist das einzige, was es noch gibt. Ein Denkmal seiner selbst unter Wasser.

Die in Großbritannien entwickelte und auch patentierte Schiffsbauweise wurde in Deutschland als »Turmschiff« bezeichnet, was nicht falsch, aber auch nicht ganz richtig ist. Der Ursprung des Namens liegt in Italien, »toretta« heißt Turm (im Englischen tower). Wegen seiner charakteristischen Aufbauten nannten die Briten das Schiff »turretship«, was dann eingedeutscht wurde. Als Turmschiffe aber bezeichnete man gemeinhin gepanzerte Kriegsschiffe, deren Geschütze sich auf drehbaren Türmen an Oberdeck befanden. Die Ende des 19. Jahrhunderts auf der Werft im britischen Sunderland entwickelte Schiffsform hingegen war nicht primär als Waffenträger gedacht, sondern für Massengüter wie Erz oder Kohle bestimmt. Und diese Frachter sollten kostengünstig im Bau und zuverlässig sein sowie flexibel eingesetzt werden. Man kombinierte Längs- und Querspantbauweise in einer Trunkform (vergleichbar einer gestauchten Weithalskanne). Der Rumpf bestand also aus einem durchlaufenden Trunk mit drei Längssegmenten, darauf saßen die Aufbauten. Die drei Längssegmente wurden als Frachträume genutzt, wobei die beiden

Außenkammern bei Leerfahrten mit Ballastwasser gefüllt werden konnten. Dadurch erhöhte sich die Stabilität in See beachtlich.

Das erste Turret-Schiff wurde 1893 ausgeliefert, das letzte seiner Art – die »Hermann Fritzen« (Reederei Fritzen, Emden) – 1959 in Hamburg nach 53 Jahren Fahrzeit verschrottet.

Die turmartigen Decksaufbauten waren aus steuerrechtlichen Gründen entwickelt worden. Wie etwa eine Zeitlang in manchen Ländern bei Immobilien nur die der Straße zugewandte Seite zur Erhebung der Steuern veranschlagt wurde (weshalb die Häuser schmal waren, dafür aber umso länger und höher), so berechneten sich Hafen- und Kanalgebühren ursprünglich nach der oberen Schiffsbreite, in diesem Falle also nach den Decksaufbauten. 1907 wurde diese Vorschrift jedoch geändert und damit der Steuertrick liquidiert.

Unser Schiff, die »Jacobus Fritzen«, war 1909 auf der Schiffswerft Doxford & Sons in Sunderland für eine Reederei in London gebaut und auf den Namen »Dalemoor« getauft worden. Es war 112 Meter lang, 15,5 Meter breit und fasste 4090 BRT. Während des Ersten Weltkrieges wurde der Dampffrachter am 20. Februar 1917 von einem deutschen Torpedo versenkt. Es wurde gehoben und wieder flottgemacht und fuhr für verschiedenen Reedereien. 1926 erwarb es die Reederei Johannes Fritzen & Sohn in Emden und ließ den Dampfer als »Jacobus Fritzen« ins Schiffsregister eintragen. 1936 wechselte der Frachter für drei Millionen Reichsmark (und etliche britische Pfund) neuerlich den Eigentümer. Das war nun die Stettiner Reederei »Johs. Fritzen & Sohn, vormals W. Kunstmann«. Die Reederei Kunstmann galt neben der HAPAG (Albert Ballin) als die größte Schifffahrtsgesellschaft Deutschlands. Arthur Kunstmann aber war Jude, die Nazis nahmen ihm die Ehrendoktorwürde der Greifswalder Universität und auch seine Reederei, denn gemäß »Reichsflaggengesetz« durften Schiffe jüdischer Reeder keine deutsche Flagge führen, womit sie faktisch als Unternehmer erledigt waren. Das war schließlich auch einer der Gründe für dieses

Der Schüttgutfrachter »Jacobus Fritzen« war mit kriegswichtigem Eisenerz von Schweden nach Deutschland unterwegs, als er 1942 von einem sowjetischen U-Boot vor Ystad versenkt wurde

diskriminierende, kriminelle Gesetz der Nazis. 1936 musste Kunstmann an die Emdener Reederei Johs. Fritzen & Sohn verkaufen, er und seine Familie emigrierten nach Großbritannien, nachdem Arthur Kunstmann kurzzeitig wegen »Devisenvergehen« inhaftiert worden war.

Während des Zweiten Weltkrieges beförderte die »Jacobus Fritzen« Schüttgüter auf der Linie Schweden-Stettin-Emden. Am 14. Oktober 1942 war der Frachter mit einer Ladung Eisenerz unterwegs, als er vom sowjetischen U-Boot »Narodowolez« gesichtet wurde. 16.33 Uhr drückte Fregattenkapitän R. V. Lindenberg auf den Auslösehebel, der Torpedo traf mittschiffs, die »Jacobus Fritzen« sank binnen weniger Minuten. (Das Schwesternschiff »Erika Fritzen« lief am 25. Februar 1945 vor Warnemünde auf eine Mine.)

Das sowjetische U-Boot aus der »Dekabrist«-Reihe war das zweite von sechs in Leningrad gebauten dieses Typs, D2 war am 19. Mai 1929 zu Wasser gelassen worden. Die Dieselmotoren kamen von der Firma MAN aus Mannheim.

Fünf Tage nach der »Jacobus Fritzen« versenkte Kommandant Lindenberg die Fähre »Konung Gustav V«, und er traf mit einem Torpedo das Eisenbahnfährschiff »Stralsund«

am Heck. Es wurde wieder repariert und nach Einstellung des Fährverkehrs 1944 für Militär- und Flüchtlingstransporte in der Ostsee genutzt. Als Reparation ging das Schiff schließlich in die Sowjetunion, wo es 1963 in einem Hafen in Fernost als »Aniva« abgewrackt wurde.

Nach dem ersten Tauchgang 2005 und der Identifizierung des Wracks besuchte ich wiederholt den Erzfrachter vor der schwedischen Küste, das einzige Turret-Schiff in der Ostsee, und wenn wir Ausflüge unternehmen, dann hat man hier gute Gelegenheit, übergreifend andere Geschichten und Geschichte zu vermitteln.

Die Vita des Frachters »Jacobus Fritzen« weist eine gewisse Ähnlichkeit mit der des dänischen Frachters »Bonita« auf. Dessen Wrack liegt neun Seemeilen vor Trelleborg (55° 13,00 N, 13° 14,00 E). Zwischen den Fundstellen der »Jacobus Fritzen« und der »Bonita« liegt kein halbes Hundert Seemeilen. Beide Schiffe beförderten schwedisches Eisenerz, das für deutsche Waffenschmieden bestimmt war. Allerdings wurde das Motorschiff »Bonita«, unterwegs vom schwedischen Hafen Luleå nach Kiel-Holtenau, nicht von einem Torpedo oder einer Mine auf den Grund des Meeres geschickt, sondern durch eine Kollision.

Am Morgen des 14. Oktober 1941, 3.48 Uhr, rammte der dänische Dampffrachter »Bojan« das Motorschiff. Er kam aus Simrishamn in Südschweden.

Bei der Kollision bekam MS »Bonita« Schlagseite nach Backbord und sank innerhalb weniger Minute mit dem Achterschiff zuerst. Der Kapitän befand sich in seiner Kammer und rettete sich durch ein Fenster, zwei Matrosen, die sich im Achterschiff befanden, sprangen mit einem Rettungsring von Bord. Der Schiffsjunge befand sich mittschiffs und konnte sich ebenfalls durch ein Fenster retten. Etwa eine halbe Stunde später wurden die vier von einem Rettungsboot der »Bojan« aufgenommen. 21 Seeleute jedoch starben.

Laut Untersuchungsbericht war die Kollision auf Unachtsamkeit und zu spätes Handeln an Bord beider Schiffe zurückzuführen. Hinzu kam, dass MS »Bonita« nicht über die vorgeschriebenen Lampen verfügte, woran ursächlich die Sparmaßnahmen des Krieges Schuld waren.

Das Motorschiff »Bonita« war 1930 in der Aalborg Skibsværft gebaut worden. Sie war 99,06 Meter lang, 14,97 Meter breit und hatte 6,40 Meter Tiefgang. Die Wasserverdrängung lag bei 3197 Bruttoregistertonnen, ein Sechszylinder-Diesel trieb die Schraube mit 1800 PS an. Ursprünglich erwarb die Reederei D. A. Sanne, Oslo, das Schiff. Zum Unglückszeitpunkt war die A/S DS Dania, København, der Eigentümer.

Beim ersten Tauchgang fanden wir die »Bonita« gut erhalten, das Wrack stand aufrecht auf dem Kiel im kiesigen Untergrund. Es war leicht mit Sediment bedeckt und kaum mit Muscheln bewachsen. Mehr als sieben Jahrzehnte nach ihrem Untergang wirkte sie sehr ansehnlich.

Die maximale Tiefe betrug 42 Meter, das Deck war bei 33 Metern, und die Masten ragten bis auf 18 Meter hinauf. Es

Taucher am Wrack der »Jacobus Fritzen«

Geschirr in der Kombüse der »Bonita«. Der Teller zeigt das Signet der dänischen Reederei, für die der Motorfrachter unterwegs war

machte Spaß, hier zu tauchen. Selbst nach mehreren Tauchgängen entdeckte ich immer neue Details, hatte allerdings auch Mühe, die Orientierung zu behalten. Die Sicht am Wrack war in der Regel sehr gut, 10 bis 15 Meter etwa.

Allein die Erkundung der Aufbauten braucht einige Tauchgänge, bis man einen genauen Überblick hat. Es bestehen viele Möglichkeiten, in das Innere vorzudringen. Alle Türen sind offen, und man kann ungehindert von Kajüte zu Kajüte schwimmen. An einigen Stellen muss man sich aufgrund herabhängender Gegenstände vorsehen. Schwimmt man über die Laderäume hinweg nach achtern, gelangt man zu einem Aufbau. Hier kann man an der Steuerbordseite einschwimmen und gelangt in die Matrosen- und Maschinistenmesse. An der Backbordseite gibt es viel Porzellangeschirr zu sehen, die meisten Teile aber sind zerbrochen. Bei früheren Untersuchungen konnte man von dieser Stelle noch weiter ins Schiff tauchen. Inzwischen jedoch versperren heruntergefallene Bretter den Niedergang, es ist schwierig hindurchzugelangen. Schafft man es trotzdem, befindet man sich in einem größeren Raum und hat viel Platz. Hier gibt es viel zu erkunden.

Selbst die Einkerbung vom Rammstoß der »Bojan« im Schiffsrumpf der »Bonita« ist an der Reling zu erkennen. Bei guter Sicht und Sonnenschein kann man von den Masten aus das ganze Mittschiff überblicken.

Auch am Steven besteht die Möglichkeit, ins Innere des Wracks einzudringen. An Backbord gelangt man in einen großen Raum. Dort findet man sogar verschiedene Möbelstücke. Oder was von ihnen übrigblieb.

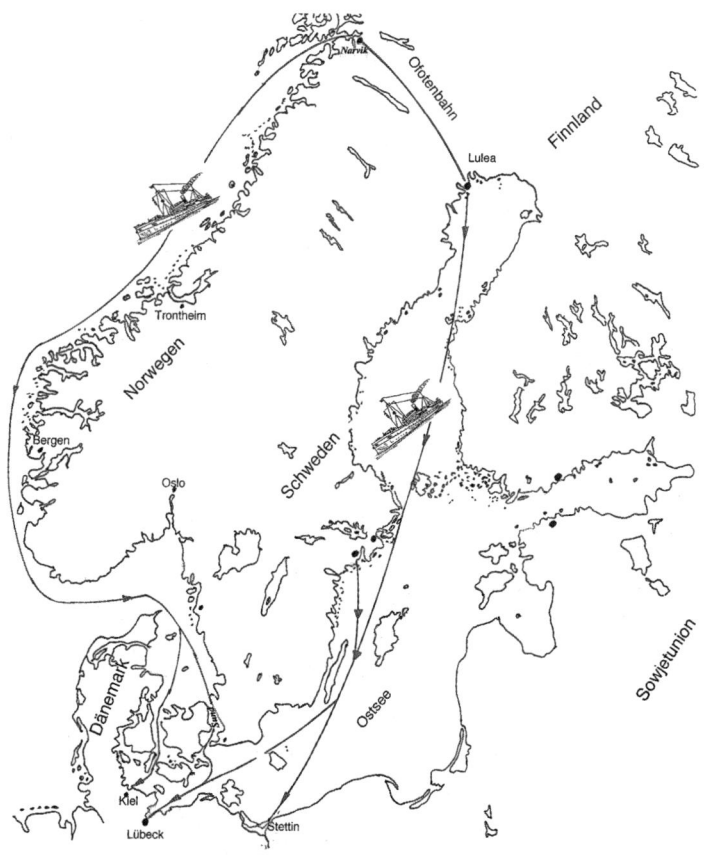

Die beiden Routen, auf denen kriegswichtiges Eisenerz von Norwegen und Schweden nach Kiel, Lübeck und Stettin befördert wurde

Taucher mit Kreislauf-
tauchgerät am Wrack
der »Binz«

Hilfsschiff »Binz«, gesunken 1915

Die Kaiserliche Marine verhielt sich im Ersten Weltkrieg kaum anders als die Deutsche Kriegsmarine während des Zweiten Weltkrieges. Um die »Kampfkraft« zu verstärken, wurden geeignete private Wasserfahrzeuge beschlagnahmt, gemietet oder auf andere »legale« Weise der Nutzung für Kriegszwecke zugeführt. So erging es der »Binz«, einem 1914 für den Bäderdienst genutzten Küstenpassagierdampfer. Damit wollte die Dampfschiff- und Motorbootgesellschaft zu Sassnitz Urlauber und Badegäste von und nach Rügen befördern.

Seit dem 15. Dezember 1915 liegt das Schiff auf dem Grund des Großen Belt in 16 Metern Tiefe, fünf Seemeilen östlich vom Leuchtturm Keldsnor auf Langeland. Die korrekte Position lautet 54° 42,00 N, 10° 52,00 E. Ich war bereits mehrmals am Wrack.

Nach Kriegsausbruch war das in Landsberg/Warthe gebaute Schiff von der Kaiserlichen Marine beschlagnahmt und am 16. August 1914 als Hilfsschiff-Führerboot »A« in den Vorpostendienst gestellt worden. Da es aber in den Augen der Militärs zu klein und zu unbedeutend war, wurde es in der Schiffsliste der Marine kaum wahrgenommen.

Zu Beginn des Ersten Weltkriegs ersuchte Deutschland das neutrale Dänemark um die Sperrung der Ostseezugänge. Die dänische Marine verminte daraufhin den Großen und den

Kleinen Belt sowie den Öresund. Dass sowohl deutsche als auch britische, russische und französische Kriegsschiffe das dänische Durchfahrverbot akzeptierten, war jedoch eher ein Erfolg der dänischen Diplomatie. Der Wirksamkeit der dänischen Marine und ihrer Minen war dies nicht zuzuschreiben.

Im Sund verlief, wie auch heute, die Grenze zwischen Dänemark und Schweden. Das gleichfalls neutrale Schweden kam dem Ersuchen Berlins jedoch nicht nach, weshalb britische U-Boote im schwedischen Teil des Sundes, obgleich dieser flach und ziemlich schmal ist, wiederholt zwischen 1914 und 1918 in die Ostsee eindrangen. Sie operierten dann zumeist von russischen Stützpunkten aus.

Die »Binz« lief in der Woche vor Weihnachten vermutlich auf eine Mine. Alle 23 Mann der Besatzung verloren ihr Leben, acht von ihnen wurden auf dem Nordfriedhof in Kiel, neben den Denkmälern für die S. M. S. »Undine« und S. M. S. »Prinz Adalbert«, beerdigt.

Am 31. Mai 1933 – dem 17. Jahrestag der sogenannten Skagerrak-Schlacht – wurde dort ein weiteres Denkmal für die toten Soldaten enthüllt. Marinepfarrer Sontag erklärte: »Opfersinn und Pflichttreue und eine hingebende Vaterlandsliebe sind im neuen Deutschland in einem besonders starken Maße wieder erwacht.« Da sah man nicht nur, wes Geistes Kind der Pfarrer war, sondern auch, an welcher Tradition die neuen Machthaber anzuknüpfen gedachten. »Opfersinn und Pflichttreue«: das waren die Propaganda-Phrasen, mit denen man den Drang zur Weltherrschaft zu verschleiern suchte.

Die Schlacht im Skagerrak 1916 gilt als die größte Seeschlacht der Geschichte. Daran waren 112 deutsche und 150 britische Schiffe beteiligt. Trotz der Übermacht der »Home Fleet« waren die Verluste auf britischer Seite erheblich größer als auf deutscher. Das kaiserliche Deutschland feierte den Ausgang der Schlacht als taktischen Sieg und 2551 ertrunkene deutsche Seemänner als »Helden«. Für die Reichsmarine war es »der größte Ruhmestag ihrer Geschichte«, welcher fortan alljährlich gefeiert wurde.

Das Bäderschiff »Binz«, 1914 gebaut, kurz vor Weihnachten 1915 als
Vorpostenschiff der Kaiserlichen Marine im Großen Belt auf eine Mine
gelaufen und gesunken. 23 Seeleute starben

An der Übermacht der britischen Flotte und der Niederlage
das Kaiserreiches änderte das jedoch nichts.

Das Schicksal des Hilfsschiffes »Binz« steht für mich stell-
vertretend für viele unbekannte Geschichten. Diese Schiffe
wurden kaum geführt, sie sorgten nicht für Schlagzeilen, nicht
einmal für Einträge ins Kriegstagebuch. Und doch wurden
auch sie zum Massengrab für viele Seemänner.

Dem Schiffseigentümer wurde nach Kriegsende für den
Verlust seiner »Binz« eine Ausgleichszahlung gewährt.

Seit nunmehr über hundert Jahren liegt das Wrack in 16 Meter Tiefe auf dem Boden des Großen Belt. Die Strömung am
Wrack ist mäßig, dennoch ist es einer dynamischen Erosion
ausgesetzt. Sediment bedeckt alles, Muscheln und Seeanemonen wachsen üppig. Die Bodenschale ragt etwa zwei Meter
in die Höhe, die Decksaufbauten sind kaum noch erkennbar.
Durch die Minenexplosion zerbrach der Schiffskörper, die
beiden Teile liegen dicht beieinander. Die Decksplankung ist
noch gut erhalten, die Rudermaschine am Heck ebenso.

Gelegentlich kommen Taucher zu Besuch.

Sprung in See. Bis zu 100 Kilogramm wiegt die Ausrüstung, die Arbeiten in großen Wassertiefen überhaupt möglich macht

Torpedoboot »Tiger«, der erste Schiffsverlust im Zweiten Weltkrieg, August 1939

Anfang September 2014 führte uns eine Forschungsexpedition zur dänischen Insel Bornholm. Vor der Nord- und der Westküste liegen etliche interessante Wracks aus der Zeit des Zweiten Weltkrieges. Nicht alle sind erfasst und dokumentiert. Uns war der Auftrag erteilt worden, die Position des Torpedoboots »Tiger« mit dem Sidescan-Sonar zu finden und einen Tauchgang mit Unterwasseraufnahmen durchzuführen. Wir hatten etwa ein Jahr lang die Expedition vorbereitet und vermuteten das Wrack in etwa 70 Meter Tiefe. Das war nicht unbedingt etwas für Sporttaucher. Zumal wir am Rande eines auf der Seekarte als »Unreines Gebiet« ausgewiesenen Areals operieren würden. Im Klartext: Es handelte sich um ein Gebiet, in welchem nach 1945 Munition versenkt worden war.

Als unseren Standort und Ausgangspunkt wählten wir den kleinen Marinehafen auf der Insel Dänholm im Sund vor der Hansestadt Stralsund. Dort befindet sich eine Außenstelle des Ozeaneums, das Nautineum. Das beeindruckende Stralsunder Meereskundemuseum, das nur nebenbei, war 2010 zu Europas Museum des Jahres gewählt worden. Es gehört zur Stiftung Deutsches Meeresmuseum und wird in jedem Jahr von mehr als 600 000 Menschen besucht.

Wichtig für das Gelingen einer Expedition ist es, einen guten Skipper mit einem wendigen Arbeitsboot zu finden. Das ist immer der erste Schritt. Ich entschied mich, wieder einmal, für den im niederländischen Harlingen beheimateten Zweimast-Segelschoner »Zephyr« mit Jan Kuik als Kapitän, den ich bereits kannte. Am Morgen vor Expeditionsbeginn traf ich in Stralsund ein und nahm Kontakt zum Schiff auf, das bereits an der Pier lag. Jan Kuik war allerdings kurzfristig zu einem Lotseneinsatz auf der Themse nach London gerufen worden, ihn sollte Joost van Berkel vertreten. Das verunsicherte mich ein wenig, da ich dessen Fähigkeiten als Skipper nicht kannte. Hingegen waren mir Willy und Paul, die beiden Smutjes, vertraut. Und da bekanntlich die Stimmung an Bord in der Küche gemacht wird, und sie sich diesbezüglich schon bei einigen Expedition bewährt hatten, war ich zufrieden. Die beiden hatten wie immer alles im Griff. Fünfmal am Tag gab es Essen an Bord, dazu kam der sogenannte Mittelwächter um Mitternacht für die Nachtwachen. Tauchen kostet viel Energie.

Die beiden besorgten beim Schiffsausrüster Cittimarkt entsprechend dem Budget das Proviant und anderes Equipment: von der Rolle Toilettenpapier für zehn Cent bis zum 12 000 Euro teuren Sonar. Umsichtig verstauten sie mit Hilfe der Besatzung alles im Schiff.

26 Taucher stiegen an Bord. Fast jeder Zweite war mir von früheren Törns vertraut, sie kannten bereits das Schiff vom Top bis zur Bilge.

Das Sonar musste außenbords angebracht werden, wobei es Probleme gab. Bis Ingo Oppelt den Vorschlag machte – Seeleute sind bekanntlich aufs Improvisieren trainiert –, das Gerät mit einer Stange von außen durch die Ankerklüse an Backbord zu ziehen und mit dem Anker zu verkeilen. Wie sich zeigte, war dies eine grandiose Idee, die bis zum Ende der Expedition hielt.

Nachdem die Teilnehmer ihre Kabinen bezogen hatten, gab es, wie stets zu Beginn, die Sicherheitseinweisung und ein spezielles Tauchplatzbriefing. Natürlich waren sie bereits zuvor informiert worden, dennoch war und ist es mir stets wichtig, vor dem ersten Tauchgang auch über den historisch-politischen Hintergrund zu informieren. Um was für ein Schiff handelte es sich, weshalb war es an jenem Ort, als es sank, was war seine Mission?

Das Torpedoboot, zu dem wir tauchen wollten, war vier Tage vor dem Beginn des Zweiten Weltkrieges gesunken. Es war Teil von »Fall Weiß«, wie die Naziführung den Überfall auf Polen nannte. Die Planungen dafür waren bereits am 15. Juni 1939 abgeschlossen worden, obgleich Berlin fortgesetzt seinen »Friedenswillen« bekundete. Ohne Kriegserklärung wurde am Morgen des 1. September 1939 das Nachbarland angegriffen. Der Termin war wiederholt verschoben worden, aber um 4.45 Uhr an jenem Freitag fielen etwa anderthalb Millionen Soldaten in Polen ein und eröffnete das Schulschiff »Schleswig-Holstein« das Feuer auf die polnische Garnison auf der Danziger Westernplatte. Das Linienschiff weilte zu einem »Freundschaftsbesuch« in Danzig-Neufahr, Anlass dafür war der Untergang von SMS »Magdeburg« vor 25 Jahren. Der Kreuzer war am 25. August 1914, also zu Beginn des Ersten Weltkrieges, im Nebel vor Estland auf Grund gelaufen, die Besatzung sprengte daraufhin das Schiff, wurde aber von zwei anderen deutschen Schiffen übernommen. Die 15 dabei ertrunkenen Seeleute waren anschließend mit großer propagandistischer Begleitung in Danzig beigesetzt worden. Das war der offizielle Vorwand, die »Schleswig-Holstein« in Danzig festmachen zu lassen.

Die deutsche Kriegsmarine sollte laut Plan »Fall Weiß« auf See die Nordflanke der Heeresgruppe Nord sichern. Das unter Befehl von Generaladmiral Conrad Albrecht stehende Marinegruppenkommando Ost hatte im Vorfeld die Führungsstelle nach Swinemünde auf der Insel Usedom verlegt, zusammen mit den dazugehörenden schwimmenden, fliegenden und landoperierenden Einheiten. Der Auftrag lautete: Sicherung des deutschen Küstenvorfeldes in der Ostsee und Blockaden polnischer und anderer Häfen. Als Flaggschiff des Seebefehlshabers der Aufklärungsstreitkräfte (B. d. A.), Vizeadmiral Herrmann Denschs, diente der leichte Kreuzer »Nürnberg«. In dieser Funktion sollte ihm schon im Oktober Konteradmiral Günther Lütjens nachfolgen. Im August 1939 war jener Führer der Torpedoboote (F. d. T.). Lütjens kommandierte je sechs Torpedoboote der Raubtier-Klasse (»Wolf«, »Iltis«, »Jaguar«, »Leopard«, »Luchs«, »Tiger«) und der Raubvogel-Klasse (»Möwe«, »Albatros«, »Falke«, »Greif«, »Kondor«, »Seeadler«).

Nachdem am 26. August der Kriegsbeginn verschoben und der Befehl zum Abbruch der Blockade erteilt worden war, verblieben die Schiffe der Aufklärungsgruppe in der Mittleren Ostsee zwischen Stolpe Bank und der Insel Bornholm. Nachmittags wurden die Torpedo-Boote der 5. und 6. Flottille »Möwe«, »Tiger«, »Iltis« und das Geleitboot F9 zur Brennstoffergänzung in Richtung Stolpe Bank zu dem dort im Marinequadrat 2790 liegenden Tanker »Samland« entlassen.

Am Morgen des 27. August, gegen 3.15 Uhr, kollidierte das abgeblendet fahrende Torpedoboot »Tiger« mit dem Zerstörer Z3 »Max Schultz« südlich von Bornholm und sank binnen weniger Minuten. Wenn man so will: Es war der erste Verlust der deutschen Marine im Zweiten Weltkrieg.

Das Boot war 1927/28 in der Marinewerft in Wilhelmshaven gebaut worden. Es wurde in die Reichsmarine eingegliedert, unternahm 1930 eine dreimonatige Reise ins Mittelmeer, war 1932 in der Ostsee unterwegs und beteiligte sich 1936/37/38 an der Seeblockade der Spanischen Republik, die unterdessen von den Franco-Faschisten und der deutschen »Legion Condor« niedergebombt wurde. Im Juli 1938 kehrte »Tiger« nach Deutschland zurück, im August 1939 übernahm das T-Boot die skizzierte Aufgabe.

Beim Untergang des Bootes gab es im Seegebiet laut der meteorologischen Aufzeichnungen des Deutschen Reichswetterdienstes zeitweise Regen und mäßigen Wind aus Ost. Es war dunkel, und da die Zerstörer und T-Boote, die dort unterwegs waren, aus Tarngründen keinerlei Lichter gesetzt

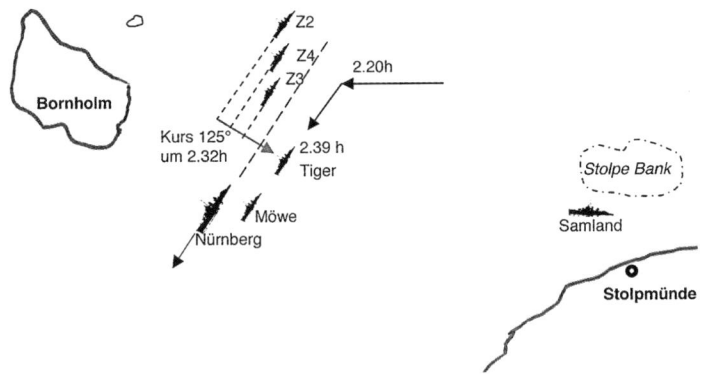

So stellte sich der Zusammenstoß dar: Der Zerstörer »Max Schultz« (Z3) und die beiden anderen Zerstörer schwenken am 27. August 1939 um 2.32 Uhr auf einen südlichen Kurs, das Führungsschiff rammt in der Dunkelheit das Torpedoboot »Tiger«

hatten (und Radar war noch nicht erfunden), fuhren sie praktisch blind.

Das Kriegstagebuch (KTB) vermerkte:

00.04–00.12 h: »Möwe«, »Iltis«, »Tiger« und Geleitboot F9 legen vom Tanker »Samland« ab. Sie fahren in Kiellinie zur »Nürnberg«. (Der 6000-Tonnen-Kreuzer, 1934 gebaut, war der modernste Kreuzer der deutschen Kriegsmarine während des Zweiten Weltkrieges; er kam gerade aus Spanien, wo er die »Legion Condor« unterstützt und etwa Valencia beschossen hatte.)

02.14–02.20 h: »Möwe« sichtet den Kreuzer »Nürnberg«

02.20 h: Die drei Torpedo-Boote, voran »Möwe«, gehen in Kiellinie an der Backbordseite des Kreuzers, der auf Parallelkurs 215° läuft

02.17 h: Im Seegebiet ist auch die 1. Zerstörer-Division unterwegs. Der Kommandant der »Nürnberg« befiehlt, dass sich die freien Zerstörer »in spitzer Staffel« anhängen sollen

02.25 h: An Bord des Führungsschiffes Z3 »Max Schultz« befindet sich Konteradmiral Lütjens, der Führer der Torpedoboote. Die drei Zerstörer laufen 12 sm, Kurs 215°, um ebenfalls Treibstoff zu übernehmen

02.32 h: Der Verband schwenkt auf Kurs 125°, Fahrt 17 sm. Die drei Zerstörer hängen am Heck der »Nürnberg«

02.34 h: Auf Z3 sichtet man steuerbords in 300 bis 400 Meter Entfernung voraus zwei Torpedoboote, eins ist backbord voraus

02.37 h: Z3 »Max Schultz«, gefolgt von Z2 »Georg Thiele«, dreht nach Backbord, geht auf 115°, um auszuweichen. Noch in der Drehung kollidiert er mit dem Torpedoboot »Tiger« mittschiffs, von Bord des T-Bootes »Iltis« wird Feuerschein wahrgenommen. Der Bug der »Max Schultz ist bis zum Kollisionsschott umgebogen, Abteilung XIV leck. Z2 stoppt und setzt Boote zur Hilfeleistung aus, »Möwe« und »Iltis« stoppen an der Unfallstelle

02.41 h: Kreuzer »Nürnberg« stoppt ebenfalls und setzt Kutter aus. Bis auf zwei Seeleute werden alle Besatzungsmitglieder gerettet, sechs von ihnen sind verletzt

02.53 h: T-Boot »Tiger« treibt mit starker Schlagseite und beginnt zu sinken, dabei bricht das Schiff auseinander

03.10 h: Vor- und Achterschiff ragen steil aus dem Wasser. Erst versinkt das Achter-, danach das auf Position 55°09,5 N, 15°47,5 E

03.13 h: Nach dem Untergang sind starke Detonationen zu vernehmen. Die Geretteten werden von Z3 an Bord genommen.

04.22 h: Befehl erteilt, dass das T-Boot »Iltis« die Unfallstelle nach Gegenständen und Geheimsachen absuchen soll. (Das erfolgt bis 20 Uhr)

05.20 h: Z3 »Max Schultz« wird von Z2 »Georg Thiele« über den Achtersteven in Schlepp genommen. Kurs 200°, Schleppfahrt 4 sm. B. d. A. entlässt beide Zerstörer aus dem Verband

14.00 h: Z3 wird von vier Schleppern aus Swinemünde übernommen. Weiterschleppen über Achtersteven von Schlepper »Jomburg« und »Taifun«. Z3 übernimmt die U-Boot-Sicherung. Schlepper »Sturm« und »Norder« folgen

16.18 h: Ausschiffung Chef 1. Zerstörerflottille, Kapitän zur See Fritz Antek Berger, steigt auf Z2 über, Stander gesetzt.

05.00 h, 28. August: Reede Swinemünde erreicht

06.25 h: Swinemünde angelegt

29. August: Beginn der Reparaturarbeiten in den Stettiner Oderwerken

25. September: Arbeiten beendet.

Vom Oberbefehlshaber der Marine, Großadmiral Erich Raeder, wurde »Strenge Geheimhaltung« über den Unfall angeordnet.

Vor meinen Recherchen zum Untergang dieses Bootes ging ich zunächst davon aus, dass das Wrack in einem Stück auf dem Meeresgrund liegen würde. Aufgrund des Studiums verschiedener Quellen wurde klar, dass es in zwei Teilen unterging, und dann gab es noch die Mitteilung im Kriegstagebuch (KTB), dass nach dem Untergang Detonationen zu hören waren. Die Wahrscheinlichkeit schien gering, dass die auf dem Heck deponierten Minen oder/und die Torpedos an Bord hochgegangen waren. Diese Waffen wurden erst kurz vorm Einsatz bezündert. Ich vermutete, dass der Rammstoß die Bordwand

Die Besatzung des Torpedobootes »Tiger« nach ihrer Rettung

80 Meter unterm Meeresspiegel: Taucher am Wrack des Torpedobootes »Tiger«, an dem Reste von Fischfangnetzen hängen

aufgerissen hatte und Wasser in die Kesselräume eingedrungen war. Die abrupte Abkühlung der Kesselanlage hatte diese explodieren lassen. Das wiederum bedeutete, dass wir auf dem Grund der Ostsee kein Wrack, sondern eher ein Trümmerfeld finden würden.

Und das musste erst einmal aufgespürt werden.

Der Untergangsort war 1939 mit Sextanten ermittelt, oder wie es die Seeleute nennen: erkoppelt worden. Und da es in jener Nacht stockfinster war, weder Mond noch Sterne zu sehen waren, an denen sich die Navigatoren hätten orientieren können, wichen die hinterlassenen Angaben gewiss vom tatsächliche Untergangsort ab. Als wir die Reste von »Tiger« mit dem Sonar fanden, stellten wir fest, dass die Abweichung etwa drei Seemeilen betrug. Und dort lag es nicht in 70 Metern Tiefe, für die wir die Berechnungen für den Tauchgang angestellt und das Gas für die Flaschen gemischt hatten, sondern in 90 Metern. Diese Differenz führte nicht nur zu Nacharbeit, sondern auch zur Feststellung, dass höchstens eine Handvoll Taucher an Bord einem solchen Tauchgang physisch und vor allem psychisch gewachsen war. Das hatte aber auch seine gute Seite: Es standen genügend Taucher für Supportaufgaben und als Taucherhelfer zur Verfügung.

Das große Tauchgangsbriefing hielten wir am Vorabend an Bord ab, damit jeder der in See gehenden Taucher und jeder Helfer genau wusste, was ihn erwartete. Wir würden die Ersten sein, die 75 Jahre nach dem Untergang des Torpedobootes »Tiger« nach ihm tauchten. Allein es gefunden zu haben, war bereits ein Erfolg. Nun aber würden wir es auch sehen – soweit dies im Scheinwerferlicht möglich war. Denn schon nach wenigen Metern empfängt den Taucher in der Ostsee Dunkelheit – was ja einen großes psychisches Problem darstellt.

Beim Briefing informierte ich auch über die Torpedoboote der sogenannten Raubtierklasse, von dem wir am nächsten Tag ein Exemplar oder besser: was davon nach einem Dreivierteljahrhundert noch übrig geblieben war, besichtigen wollten. Gemäß dem Versailler Abkommen war die Marine auf 15 000 Mann, jeweils sechs gepanzerte Schiffe und Kreuzer sowie je zwölf Zerstörer und zwölf Torpedoboote beschränkt worden. Die Vorgaben über Größe und Wasserverdrängung waren ziemlich konkret, und nach diesem Muster wurden Ende der 20er Jahre in Wilhelmshaven Boote mit mehr als 90 Meter Länge und acht Meter Breite auf Kiel gelegt. Es gab zwei Typen, und entsprechend ihrer Namen wurden sie als Raubvogel- und Raubtier-Klasse bezeichnet.

Der Unterschied lag allenfalls im Detail. Die Raubtier-Klasse war ein wenig größer, hatte eine Flak mit einer neuen 10,5 cm C/28 und einen Kessel mit einer höheren Dampferzeugungsleistung. Als Nebenantrieb gab es einen Turbo- und zwei Dieselgeneratoren. Die Boote »Wolf« und »Leopard« wurden getrieben von Brown, Boveri & Cie-Turbinen, »Tiger« und »Iltis« von Vulcan-Turbinen, »Jaguar« und »Luchs« von Schichau-Turbinen. Im äußeren Erscheinungsbild waren

Das Torpedoboot »Tiger«. Der Kreis mittschiffs markiert die Stelle, an der es vom Zerstörer »Max Schultz« gerammt und am Vorabend des Überfalls auf Polen zum Sinken gebracht wurde

sich die zwölf gebauten Einheiten der »Raubvögel« und »Raubtiere« sehr ähnlich.

Damit bekam die Reichsmarine sehr robuste und in See zuverlässige Fahrzeuge, die für die Küstenkriegführung, Minenunternehmungen und Aufgaben im Ärmelkanalgebiet gedacht waren. Einigen Einheiten waren bis Kriegsende im Dienst.

- Torpedoboot »Tiger« (Kennung TG), Typ 24: Raubtier-Klasse
- Stapellauf am 15. März 1928
- Indienststellung am 15. Januar 1929
- Bauwerft: Marinewerft Wilhelmshaven
- Standardverdrängung/Einsatzverdrängung: 932 ts , 1320 ts
- Besatzung: 127 Mann
- Länge: 92,60 Meter
- Breite: 8,65 Meter
- Tiefgang: 3,52 Meter
- Tonnage: 924 t
- Geschwindigkeit: 34,0 Knoten
- Bunkerinhalt: 322 t
- Reichweite: 2000 Seemeilen bei 17 Knoten
- Bewaffnung: 3 x 10,5 cm SK C/28, 2 x 2 Zentimeter-Flak

- Torpedorohre in zwei Dreiersätzen 6 × 53,3 Zentimeter
- Alternierend konnten 30 Seeminen mitgeführt werden.
- Antriebsanlage: drei Marine-Kessel, zwei Satz Getriebe-turbinen, zwei Wellen
- Maschinenleistung: 23 000 WPS, 34 Knoten

Peter Macinski gehörte zu jenen, die am 10. September 2014 zur Erstbetauchung des T-Bootes in See gingen. Hier seine Schilderung:

»Nachdem wir ein Sonarbild auf dem Monitor erhielten, war die Freude groß, dass wir die richtige Position schon im vierten Anlauf gefunden hatten. Als es Ernst wurde, fragte der Expeditionsleiter jeden einzelnen Taucher, ob er sich diesen Tauchgang psychisch und physisch zutraue. Die drei Teams, je zwei Taucher, überprüften ihre Geräte, gingen noch einmal die Planung für den Tauchgang durch und präzisierten mittels eines Software-Programms die Gasgemische. (Für Fachleute: Als Bottomgas wurde ein 13/60 Trimix, als Dekompressionsgas 50/25 Trimix und 100 Prozent Sauerstoff ab sechs Meter verwendet. Das Tauchgerät bestand aus Doppel-18 l und eine Stage mit Bottomgas sowie jeweils eine 80cf-Stage mit Dekogas.)

Dann glitten Adam Kabycz und ich mit 70 Kilogramm Ausrüstung ins Wasser. Wir waren das erste Team und hatten die Aufgabe, die Shotline am Wrack zu sichern.

Der Seegang war gering, so das wir bei unserer Rückkehr und der Last auf dem Rücken über die Taucherleiter gut wieder an Bord gelangen würden.

Im Wasser war eine deutliche Strömung zu spüren, und man musste etwas kräftiger mit den Flossen paddeln, um zur Shotline zu gelangen, an der es abwärts ging. Ein letzter kurzer Check, und schon ging es nach unten.

In etwa 15 Metern Tiefe wechselten wir auf Bottomgas und tauchten zügig weiter. Im Bereich von 50 bis 60 Metern kam eine Schicht mit trübem Wasser. Bei einer Tiefe von 75 Metern kam das Wrack in Sicht. Es lag auf 81 Metern. Wir sahen

Peter Macinski nach dem Tauchgang zum Wrack des Torpedobootes, sichtlich gezeichnet von den Anstrengungen. Rechts Reinhard Öser

eine rostrote Fläche und Bullaugen. Die Shotline lag hinter der Bordwand, in unmittelbarer Nähe ein Teil eines Fischernetzes mit Schwimmkörpern. Plötzlich kam ich nicht mehr weiter. Irgendeine Kraft hielt mich von hinten fest. Ich schaute mich um. Nichts. Im Licht des Scheinwerfers war nichts zu sehen. Dennoch kam ich nicht von der Stelle.

Adam signalisierte: Stopp!

Instinktiv verhielt ich mich ruhig.

Dann bemerkte ich, wie er ein Microfaser-Nylonnetz, das sich in meinem Tauchgerät verfangen hatte, vorsichtig entfernte. In solchen Momenten wurde einem bewusst, wie wichtig es war, stets mit Partner zu tauchen.

Der Blick auf unsere Finimeter offenbarte, dass der Gasvorrat fast erschöpft und der Umkehrdruck erreicht war, ohne dass wir viel gesehen hatten. Adam hob trotzdem den Daumen, und wir begannen mit dem Aufstieg. Die Dekompressionsphase verlief wie geplant und ohne Zwischenfälle. An der Shotline tauchten die nachfolgenden Teams an uns vorbei nach unten. Bei den Stopps nach den Gaswechseln entspannten wir. Nach etwa zwei Stunden erreichten wir die Meeresoberfläche. Wir signalisierten »Okay« und ließen uns vom Oberflächensupport, der bereits im Beiboot an der Boje auf uns wartete, die Stageflaschen abnehmen.

Unser Schiff dümpelte in unmittelbarer Nähe, wir schwammen mit ruhigen Bewegungen, um unnötige Belastungen nach diesem doch recht anstrengenden Tauchgang zu vermeiden. An Bord wurden wir von der Crew neugierig bedrängt.«

Wir liefen den Hafen von Nexö an, der an der Südost-Küste der dänischen Insel liegt. Der Laden des Schiffsausrüsters hatte leider schon geschlossen, wo wir einen kleinen Anker als Grundgewicht kaufen wollten, welcher uns abhanden gekommen war. Dadurch kamen wir mit Kapitän Kai Briesewitz ins Gespräch, der mit seinem Sassnitzer Fischereischiff »Westbank« festgemacht hatte. Man könne notfalls auch Bornholmer Pflastersteine nehmen, sagte er, ein Stück Netz bekämen wir von ihm. Bei der Gelegenheit zeigte er Ingo Oppelt und mir sein Schiff, wir gerieten ins Schnacken. Auch Briesewitz tauchte und hörte sich interessiert an, was wir zu berichten hatten vo unserer Suche nach dem Torpedoboot »Tiger«. Er zeigte uns auf seinen Sonar-Aufzeichnungen Flächen, die die

Die Expeditionscrew, die im September 2014 vor Bornholm nach dem Torpedoboot »Tiger« tauchte. Es sank kurz vor dem Überfall auf Polen und war somit der erste deutsche Schiffsverlust im Zweiten Weltkrieg

Fischer mieden. Erstens weil es dort viele Wracks gab, in denen sich die Netze verfingen und die Geschirre verloren gingen. Und zweitens, weil dort einiges an Munition herumlag. Weil östlich Bornholms viel mit Grundschleppnetzen gefischt wird, waren inzwischen die Munitionshaufen in alle Richtungen breitgezogen worden. Es sei darum nichts Ungewöhnliches, so der Kapitän aus Sassnitz, wenn beim Hieven des Fangs schon mal eine Granate an Bord käme.

Sebastian, ein anderer deutscher Kapitän, der mit seinem Fischereischiff längsseits lag, bestätigte solche Erfahrungen. »Bei einem Hub schlugen die Reste einer Granate aufs Deck. Eine dunkelbraun-gelbliche Substanz floss übers Deck und begann zu gasen, bevor wir das Zeug außenbords befördert hatten. Dieser kurze Augenblick hatte genügt, um die oberen Atemwege der Decksmannschaften sehr stark zu reizen.

Wir mussten uns in medizinische Behandlung begeben. Die Symptome, so der Arzt, deuteten auf Senfgas hin.«

Nach Informationen des Maritime Surveillance Centre South on Bornholm befänden sich im Bornholmbecken Munition und chemische Kampfstoffe, die auf Beschluss der Alliierten nach dem Krieg dort versenkt wurden. Experten warnten schon seit Jahren Nord- und Ostseeanrainerstaaten: »Nicht geborgene Munitionsaltlasten können Fischbestände vergiften!« Es sei nur eine Frage der Zeit, wann dieses Gift im Rahmen der Bioakkumulation über die Nahrungskette auch auf unseren Tischen landete. Selbst wenn die Prognosen mit dem Höhepunkt der Freisetzungswellen erst in einigen Jahrzehnten rechnen, sei das keine Beruhigung, in Gegenteil. Die Zeit dränge.

Wir brachen auf.

Auf dem Grillrost wenig später lag nur Fleisch.

Skizze von der Lage des Torpedobootes »Tiger«, wie die Taucher es auf dem Meeresgrund sahen

Taucherausrüstung an Deck der »Zephyr«

Das Sperrwachschiff G2
»Venus«, gesunken
im März 1945

Seeminen sind Erfindungen des 18. Jahrhunderts (die erste Seemine detonierte 1776 im amerikanischen Unabhängigkeitskrieg), doch massiv wurde diese gefährliche Waffe erst im Ersten Weltkrieg eingesetzt. Auf diese Weise sollten Schifffahrtswege unpassierbar gemacht, Häfen und Meerengen blockiert werden. Minen sind Sprengladungen, die entweder auf dem Grund liegen, an Ankertauen schweben oder als Treibminen von der Strömung des Meeres bewegt werden. Je nach Zünder unterscheidet man in Berührungs- oder Kontaktminen und in Fernzündungs- oder Grundminen. Diese reagieren auf das Magnetfeld eines Schiffes, auf dessen Geräusche oder die Veränderung des Drucks. Die Akustik- und Magnet-Minen sind Erfindungen des Zweiten Weltkrieges. Heutige Minen – die Waffe ist auch in See noch immer im Gebrauch – verfügen über sehr viele unterschiedliche Sensoren, die Schiffsgrößen und -typen unterscheiden und Zählwerke aufweisen, d. h. sie detonieren sehr zielgerichtet.

Im Juli 1941, nach dem Überfall Hitlerdeutschlands auf die Sowjetunion, verminte die faschistische Kriegsmarine die gesamte Ostsee. Die sogenannte Wartburgsperre, ein Minengürtel vom Baltikum zur schwedischen Küste, sollte die Baltische

Rotbannerflotte daran hindern, in die westliche Ostsee vorzu-
stoßen. Man geht davon aus, dass während des Zweiten Weltkrieges etwa 60 000 Minen in die Ostsee geworfen wurden –
noch immer sind nicht alle gefunden und entschärft.

Eine Reaktion auf die Minenfelder waren die »Sperrbre-
cher«. Sie sollten einen Weg für nachfolgende Schiffe bahnen,
indem sie die eventuell auf dem Kurs liegenden Minen zur Detonation brachten. Auf diese selbstzerstörerische Weise wurde
das Fahrwasser minenfrei gemacht. Dafür setzte man umge-
baute Frachtschiffe ein, deren Laderäume mit leeren Fässern,
Holz oder Torf gefüllt wurden. Dadurch blieben selbst stark
zerstörte oder in zwei Teile gebrochene Schiffe schwimmfähig.
So brach am 23. Oktober 1942 nach einer Grundminenzün-
dung bei Ameland das Vorschiff des Sperrbrechers 11 »Bel-
grano« in Höhe der vorderen Brückenkante ab. Beide Schiffs-
teile blieben schwimmfähig, mit dem Achterschiff wurde
sogar eine weitere Mine geräumt.

Nördlich von Rügen – auf Position 54° 48,00 N, 13°
32,00 E – liegt das Wrack des Sperrwachschiffes G2. Als das
Schiff, das im zivilen Leben den schönen Namen »Venus«
trug, in der Nacht vom 26. und 27. März 1945 unterging, er-
füllte es bereits wieder seine frühere Bestimmung: es fischte.

Das 1920 in Bremerhaven auf Kiel gelegte Dampfschiff mit
der Baunummer 374 war 40 Meter lang, sieben Meter breit
und hatte eine Wasserverdrängung von 261 BRT. Es wurde bei
Kriegsbeginn beschlagnahmt und von der Kriegsmarine bis
1944 als Sperrwachschiff G2 eingesetzt.

Im März 1945 führte das britische RAF Bomber Command
seine sogenannte Minenoffensive. In 15 Nächten flogen die
Bomber der Royal Air Force Angriffe auf deutsche Stellungen
und Schiffe in Norwegen und Dänemark, im Kattegat, auf
Helgoland und in der Deutschen Bucht. Ziele in der Westlichen und Mittleren Ostsee wurden ebenfalls bombardiert,
britische Minen landeten auch im Nord-Ostsee-Kanal.

Die Verluste auf deutscher Seite: 26 Schiffe mit 69 449 BRT.
Elf Schiffe mit 48 557 BRT wurden beschädigt.

Das 1920 in Bremerhaven gebaute Fischerboot »Venus« wurde von der Kriegsmarine beschlagnahmt und als Sperrwachschiff G2 eingesetzt

Unter den 26 gesunkenen Schiffen befindet sich auch die »Venus«. Sie fischte gerade Kabeljau, als eine Detonation das Fahrzeug erschütterte und sofort sinken ließ. Die Besatzung rettete sich ins Beiboot und trieb die ganze Nacht auf der kalten Ostsee. Dann verlieren sich ihre Spuren.

Zeugen auf der Insel Rügen geben zu Protokoll, sie hätten Flieger gehört.

Um Gewissheit zu bekommen, tauchen wir 1999 zum ersten Mal hinab. Das Schiff liegt in 47 Meter Tiefe im Sediment. Die oberen Holzaufbauten und die Brücke sind unbeschädigt, der Schornstein – er liegt in einem Stück auf der Steuerbordseite des Wracks – trägt auch keine Blessuren. Wir untersuchen die Wrackunterseite. Sie weist keinerlei Beschädigungen auf. Damit ist ausgeschlossen, dass das Schiff auf eine Mine lief. Das Schiff kann eventuell einen direkten Bombentreffer bekommen haben. Doch auch dafür finden wir kaum Belege.

Warum also sank die »Venus« im März 1945?

Die Frage ist bis heute unbeantwortet.

2013 besuche ich das Wrack zum zweiten Male. Wieder im Auftrage des Landesamtes in Schwerin, das regelmäßig Zustandsberichte abfordert. Die »Venus« steht stumm und aufrecht im Kies, unverrückt und umgeben von Dunkelheit und Kälte wie seit sieben Jahrzehnten.

Blick ins Innere des Kleinst-U-Bootes »Seehund«,
das in 17 Metern Tiefe nördlich von Boltenhagen
auf dem Grund der Ostsee liegt.
Links der Arm und der Oberschenkelknochen eines der
beiden U-Boot-Fahrer, erhalten durch Fettwachsbildung

Von Seehunden und anderen »Wunderwaffen«

Die faschistische Propaganda kreierte den Begriff der »Wunderwaffe«. Seit an allen Fronten die Anti-Hitler-Koalition erfolgreich kämpfte und das Nazireich eine Niederlage nach der anderen erlebte, nährte man die Hoffnung auf eine Wende des Krieges mit eben jenen Versprechungen. Mit nie dagewesenen waffentechnischen Erfindungen werde man die Feinde doch noch bezwingen. Wie wir heute wissen, waren das nicht nur Versprechungen: In den Labors und Rüstungsschmieden wurde getüftelt und entwickelt, und hätten die Nazis noch eine Weile länger morden und forschen können, wären doch noch deutsche Atomwaffen, Raketen, Düsenflugzeuge und Tarnkappenbomber zum Einsatz gekommen. Die siegenden Alliierten übernahmen jedoch Pläne und Personal und realisierten das selbst, was dem Hitlerreich nicht mehr gelang.

Zu den vermeintlichen Wunderwaffen kann man auch das Kleinst-U-Boot »Seehund« rechnen, vom dem ab Herbst 1944 bis Kriegsende 285 Exemplare gebaut wurden, 93 wurden nicht mehr fertiggestellt.

Ich wurde Anfang der 90er Jahre zum ersten Mal mit einem »Seehund« konfrontiert. Tauchfreunde aus Travemünde berichteten, dass sie nördlich von Boltenhagen in der Lübecker Bucht in 17 Metern Tiefe ein kleines U-Boot gesehen hätten. Gemeinsam mit einem Partner tauchte ich hinab. Es handelte sich in der Tat um ein unversehrtes Kleinst-U-Boot. Es war ohne die beiden Torpedos, die üblicherweise außenbords angebracht waren und lag unversehrt auf der Steuerbordseite.

Die Halbkugel aus Plexiglas auf dem Turm wies ein Einschussloch auf, in das Wasser eingesickert war. In dieser gewiss mit Chemikalien angereicherten Flüssigkeit war der Kopf eines Seemannes zu erkennen. Im Innern des Bootes, nicht zu sehen, musste die Leiche des zweiten U-Boot-Fahrers, des LI, des Leitenden Ingenieurs, liegen. Der Kopf des Kommandanten lehnte an der Kunststoffkapsel, als schliefe er. Die Haut hatte Fettwachse gebildet und dadurch die Zersetzung verhindert. Mehr als 45 Jahre lang.

Ich meldete Thomas Förster, der im Schweriner Landesamt für Bodendenkmale und Unterwasserarchäologie zuständig war, unseren Fund. Wir begannen zu recherchieren und brachten in Erfahrung, dass die Freiwilligen nach ihrer Ausbildung eine viertägige Probefahrt in der Westlichen Ostsee unternahmen, das war praktisch ihre Abschlussprüfung. Dabei gingen in den letzten Kriegstagen nachweislich fünf »Seehunde« verloren. Das von uns gefundene U-Boot war vermutlich eines davon.

Die Boote wurden seit dem 31. Dezember 1944 im Ärmelkanal und in der Deutschen Bucht eingesetzt, sie attackierten den Schiffsverkehr zwischen der Themse und der Schelde. Später versorgte sie die in Dünkirchen Eingekesselten mit Lebensmitteln, anstelle der Torpedos trugen sie dafür außenbords Container.

Der Einsatz der Kleinst-U-Boote war weder kriegsentscheidend noch sonst irgendwie militärisch bedeutend, er war nicht mehr als eine traurige Fußnote in diesem Krieg. Bei den 142 Einsätzen ging ein Viertel der Boote verloren, jede dritte Besatzung geriet in Gefangenschaft oder kam ums Leben, nicht wenige starben an Kohlenmonoxidvergiftung. Allerdings banden die schwer zu ortenden U-Boote Kräfte der Marine und der Air Force, die sie jagen mussten und anderenorts fehlten. Immerhin versenkten die »Seehunde« 93 000 BRT.

Die Idee für die Entwicklung von Kleinst-U-Booten hatte Karl Dönitz im Frühjahr 1943. Der Großadmiral war zu Jahresbeginn vom Befehlshaber der U-Boote (BdU) zum Oberbefehlshaber der Kriegsmarine aufgestiegen, blieb aber BdU. In eben jenem Frühjahr ging in der sogenannten Atlantikschlacht die Überlegenheit verloren; durch Massenproduktion der technisch überholten U-Boote versuchte Dönitz die Offensive zurückzugewinnen. Das gelang so wenig, wie die Wehrmacht den Verlust der 6. Armee in Stalingrad im Januar 1943 kompensieren konnte.

Allerdings war die Idee der Kleinst-U-Boote keine genuin deutsche. Sie war inspiriert von Italienern, Briten und Japanern. Die Italiener hatten bei einem Kommandounternehmen im Hafen von Alexandria die britischen Schlachtschiffe »Queen Elizabeth« und »Valiant« am 10. Dezember 1941 mit bemannten Torpedos versenkt. Die Briten erbeuteten ein solches Boot (»Maiale«) und bauten es nach. Mit den »Chariots« attackierten die Briten das Schlachtschiff »Tirpitz« im norwegischen Trondheim-Fjord und andere deutsche Schiffe vor Palermo und Tripolis. Deutschland konsultierte daraufhin Japan, das ebenfalls über ein Zweimann-Kleinst-U-Boot (Ko-Hyoteki) verfügte und damit schon Pearl Harbor angegriffen hatte. Doch die Japaner ließen den »Verbündeten« nicht in die Karten schauen. Hilfreicher war da die Gefangennahme zweier britischer »Chariot«-Fahrer.

In seinen Erinnerungen »Zehn Jahre und zwanzig Tage« schrieb Dönitz, dass er Konteradmiral Hellmuth Heye mit der Aufstellung von Verbänden und Kriegsmitteln des Kleinkampfes zur See beauftragt habe, da es in der deutschen Marine bisher derartige Kleinkampfmittel nicht gab. Dazu gehörten die Kleinst-U-Boote, die mit kleinem materiellen Aufwand und geringem personellen Einsatz unter Umständen erhebliche Erfolge erringen konnten. »Der Personalbestand der K-Verbände rekrutierte sich nur aus Freiwilligen aller Dienstgrade und Waffengattungen der Marine und von Ende des Jahres 1944 an zum erheblichen Teil aus jungen Offizieren der U-Bootwaffe. Die materiellen Mittel des deutschen Klein-kampfverbandes waren u. a. das von zwei Mann besetzte Kleinst-U-Boot, der Seehund. Die beachtlichen Erfolge bei den Seehunden konnten zum Teil erst nach dem Krieg fest-gestellt werden.«

Da übertrieb der 1980 verstorbene und in Nürnberg als Hauptkriegsverbrecher verurteilte Dönitz ganz gehörig. Der Ex-Oberbefehlshaber: »Wir brauchten vier Jahre, um ein Schlachtschiff fertigzustellen, aber nur vier Tage, um zehn Einmanntorpedos vorzubereiten.«

Die Aufstellung des »K-Verbandes« blieb den Briten nicht verborgen, sie konnten die verschlüsselten Nachrichten der deutschen Marine mitlesen und dechiffrieren. Der K-Verband nutzte verschiedene Standorte, die einen Tarnnamen mit der Nachsilbe »Koppel« erhielten. So erhielt der Standort des Lehrkommandos 300 (Ausbildungs-Flottille), welches sich auf dem Gelände der Wiksbergkaserne der 3. U-Boot-Lehrdivi-sion in Neustadt/Holstein befand, den Decknamen »Neu-koppel«. Das Einsatzstabsquartier des K-Verbandes im Hotel »Zur Kammer« am Timmendorfer Strand an der Lübecker Bucht tarnte man als »Strandkoppel«.

Im Oktober 1944 trafen die ersten »Seehunde« in Neu-stadt ein. Das Übungsareal befand sich in der Neustädter

»Seehund« im Trockendock mit Torpedo

Bucht zwischen Pelzerhacken und Timmendorfer Strand. Im April 1945 wurde Lehrkommando zum Standort »Graukoppel« verlegt. Das war Wilhelmshaven.

Gebaut wurden die »Seehunde« bei Howaldt (Kiel), Germania (Kiel und Schichau/Elbing). Bauvorbereitungen und Planungen erfolgten auch auf Binnenwerften wie Simmering (Graz), Pauker (Wien), Schenk (Hall) und Klöckner-Humboldt Deutz (Ulm) sowie bei CRDA Monfalcone (Triest). Lediglich bei Klöckner in Ulm stand die Produktion kurz bevor, wurde aber nicht mehr begonnen.

Der erste Bauauftrag wurde am 30. Juni 1944 erteilt, es ging zunächst um drei Prototypen. Die Parameter sahen so aus:

- Wasserverdrängung: 14,9 Tonnen
- Maschinenleistung über Wasser: 60 PS (Sechs-Zylinder-Diesel von Büssing)
- Maschinenleistung unter Wasser: 12 PS (Elektromotor von AEG)
- Länge: 11,9 Meter
- Breite: 1,70 Meter
- Tiefgang 1,74 Meter
- Geschwindigkeit über Wasser: 7,7 Knoten
- Geschwindigkeit unter Wasser: 6,0 Knoten
- Fahrbereich: 270 Seemeilen bei 7 Knoten
- Tank: 500 Liter-Treibstoffbunker, optional zusätzliche Außentanks für weitere 230 Seemeilen
- Besatzung: 2 Mann
- Bewaffnung: zwei Torpedos 53,3 cm vom Typ T 3c-T 5/G 7e
- Tauchtiefe: 30 Meter, bei Einsätzen bis 70 Meter

Laut einer Prioritätenliste von Rüstungsminister Albert Speer sollte das Bauprogramm von 1. Juni 1944 genau 1000 »Seehunde« umfassen. Aufgrund von Rohstoff- und Materialmangel wurde es auf 600 Einheiten reduziert. Bis Kriegsende wurde davon nicht einmal die Hälfte ausgeliefert. Vor allem fehlten Batterien für die E-Motoren.

Das Kleinst-U-Boot »Seehund« mit jeweils zwei Mann Besatzung wurde für viele Seefahrer zum Grab

Technisch gesehen war der »Seehund« ein Spitzenerzeugnis seiner Zeit, es gab weltweit nichts Besseres in dieser Klasse. Allerdings existierten viele ernste Probleme, die den Besatzungen alles abverlangten. Bei Tauchgängen drohte Unterkühlung, bei Überfahrt, wenn der Diesel lief, wurde es in der engen Röhre sehr heiß. Eine Klimaanlagen gab es so wenig wie eine Toilette. Die Notdurft wurde in Büchsen verrichtet, die außenbords entsorgt wurde. Bei rauer See keine leichte Übung.

Oberleutnant z. S. Hellmuth Bahlmann fuhr als LI auf U-5042, das auf der Germaniawerft in Kiel produziert worden war. Er erinnerte sich: »Die Einsatzdauer war mit zwei Tagen und einer Nacht vorgesehen – an der Front war eine Woche normal, es wurde sogar ein Einsatz mit 10 Tagen erreicht. Die physische und psychische Kraft der Mannschaft wurde immer überschritten, da in den nur 1,30 m Durchmesser des Druckkörpers und unter den engen Platzverhältnissen an Ruhe nicht zu denken war. Nach drei Nächten ohne Schlaf ließ die Konzentration stark nach, trotzdem mussten gerade dann die Angriffe gefahren werden. Unterwasser wurde es saukalt und feucht. Überwasser heizte wenigstens der Diesel und die Abgasleitungen.« Die Seeleute halfen sich mit leistungsfördernden Mitteln wie Pervitin. Seehundfahrern wurde der Gebrauch der Amphetamine freigestellt, nicht von jeder Besatzung wurde die Droge auch genommen.

Auf all diese Zusammenhänge stieß ich im Zusammenhang mit unserem Fund des »Seehundes« auf Position 54° 02,00 N, 11° 16,00 E in der Lübecker Bucht. Der vierwöchigen Ausbildung in Theorie schlossen sich zwei Wochen praktische Übungen an. Bevor Ende Dezember 1944 die ersten Besatzungen zum Einsatz nach Jimunden bei Amsterdam zur K-Flottille 312 versetzt wurden, erfolgte eine dreitägige Seeerprobung in der Lübecker Bucht. Von August 1944 und Kriegsende starben dabei 25 Freiwillige. »Beachtliche Erfolge«, schrieb Dönitz in seinen Memoiren.

Seehundfahrer Hellmuth Bahlmann hingegen schrieb: »Der Seehund konnte mit Dieselfahrt in sieben Sekunden auf fünf Meter Tiefe wegtauchen, was bei eingelegter Ladung sehr gefährlich für die Besatzung war. Die E-Maschine, die zunächst als Generator lief, wurde beim Absinken der Umdrehungszahl zum E-Motor und zog unerbittlich den abgestorbenen Diesel mit, der so zur Luftpumpe wurde. Die Atemluft wurde

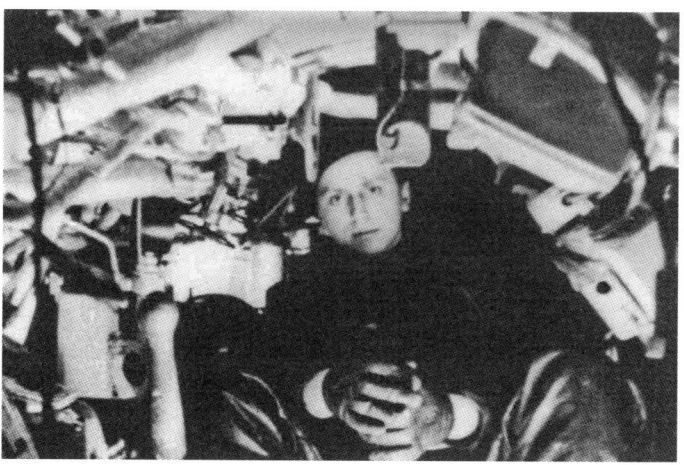

Im »Seehund«

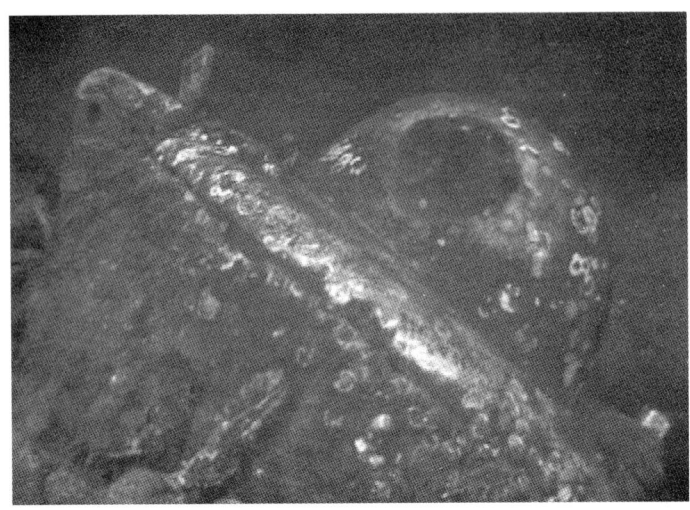

»Seehund«-Wrack: Deutlich ist die Plexiglaskuppel zu sehen, hinter der aus der Nähe der Kopf des U-Boot-Fahrers zu erkennen war

zu dünn, Achtung Unterdruckmesser! Die Lungenbläschen platzten, die Besatzung starb.«

Jahre später stellten Taucher fest, dass vom Wrack die Halbkugel aus Plexiglas entfernt worden war. Thomas Förster erstattete Anzeige gegen Unbekannt wegen Störung der Totenruhe, schließlich handelte es sich bei dem U-Boot nicht nur um ein technisches Denkmal, sondern auch um ein Kriegsgrab. In der Röhre befanden sich die Leichname zweier Seeleute.

Zwischenzeitlich hatte man vor Dranske auf Rügen und vor der Insel Fehmarn zwei weitere »Seehunde« gefunden und diese mit Hilfe der Bundeswehr und von Peter Tamm gehoben. Die einen wollten es für ihr Militärhistorisches Museum in Dresden, der andere für seine Sammlung zur Schifffahrts- und Marinegeschichte, die als die weltweit größte Privatsammlung gilt. Sie steht im Internationalen Maritimen Museum Hamburg. Unter der Hand hieß es, dass die Plexiglashalbkugel für eines der beiden U-Boote als Ersatzteil benötigt worden sei, doch nachdem Förster die Anzeige erstattet hatte, kam diese Stück dort nie an. Sie gilt bis heute als verschollen, wiewohl man den Dieb inzwischen kennt. Der Taucher ist jedoch inzwischen verstorben, de mortuis nil nisi bene.

Förster veranlasste, dass ein Platte an die Stelle der gestohlenen Abdeckung angebracht wurde. Und schickte mich im Oktober 2015 nach unten, um die Lage zu beurteilen. Wie so oft tauchte ich mit Ingo Oppelt. Die 1999 angebrachte Abdeckung ist inzwischen sichtlich erodiert, und von der Schraube, über die gerüchteweise berichtet worden war, dass diese von Buntmetalldieben gestohlen worden sei, war auch nicht mehr viel übrig. Allerdings bestand diese nicht aus Bronze, wie behauptet. Zu jener Zeit, als das Boot gebaut worden war, gab es keine Bronze mehr: Die Schraube war aus billigem Gusseisen, an dem in den nunmehr verflossenen siebzig Jahren der Zahn der Zeit sichtlich genagt hatte.

Zwei der fünf in der Ostsee versunkenen Seehunde sind bis heute nicht entdeckt. Und das finde ich – angesichts der Geschichte dieses Wracks – ausnehmend gut. Es sind Kriegsgräber. Die Menschen, die in diesen Booten starben, ob nun überzeugte Durchhaltekrieger oder verführte Freiwillige, haben ein Recht auf Ruhe. Ich jedenfalls suche nicht nach solchen Särgen.

Taucher über dem Wrack eines
US-Bombers vom Typ B-25 Mitchell

Flugzeugwrack einer Ju-88
vor Rügen

Eines der größten eigenständigen Rüstungsprogramme des Nazireiches war die Junkers Ju-88, ein zweimotoriger Horizontal- und Sturzkampfbomber. Davon wurden allein zwischen 1939 und 1945 fast 15 000 Maschinen in rund fünfzig verschiedenen Versionen gebaut. Nach 1945 wurden nahezu alle Maschinen mangels Verwendung verschrottet, sofern sie nicht abgeschossen und somit bereits zu Kriegsschrott gemacht worden waren. Lediglich je eine Maschine kam in den USA und in England ins Museum. Aus verschiedenen Gründen wuchs im Laufe der Jahrzehnte das Interesse an diesen historischen Luftfahrzeugen. Insbesondere in den 90er Jahren barg man in Russland, Ungarn, Griechenland und Norwegen Wracks der Ju-88, restaurierte sie und stellte sie in Museen aus.

Fünf Seemeilen vor Sassnitz entdeckte man auf dem Grund des Meeres das Wrack einer Junkers ...

1935 war von Göring in seiner Eigenschaft als Reichsluftfahrtminister und Oberbefehlshaber der Luftwaffe der Auftrag an die Rüstungsindustrie ergangen, einen zweimotorigen Horizontal- und Sturzkampfbomber zu entwickeln. Den Auftrag erhielten die zwei Jahre zuvor verstaatlichten Junkers Flugzeugwerke in Dessau. (Hugo Junkers, deren Gründer, war von den Nazis enteignet und mit Stadtververbot belegt worden.) Am 18. Juni 1938 erfolgte der Jungfernflug. Die Kritik der

Die zweimotorige Ju-88

Militärs galt einzig dem Umstand, dass die Naziführung sich auf ein schnelles mittleres Kampfflugzeugs orientierte, das in großen Stückzahlen produziert werden konnte, statt die von ihnen gewünschte Langstreckenbomber-Flotte aufzubauen. Es gab nämlich bereits den sogenannten »Uralbomber« (nomen est omen), dessen Produktion zugunsten der Ju-88 jedoch eingestellt wurde.

Erstmals setzte man die Ju-88 im September 1939 bei einem Angriff auf britische Kriegsschiffe in der Nordsee ein, später attackierte man Ziele in West- und Nordeuropa, im Mittelmeerraum und vor allem in Osteuropa.

Seit dem 22. Juni 1941, dem Tag des Überfalls auf die Sowjetunion, flogen Ju-88-Verbände Angriffe auf Häfen, Flugplätze und Rüstungsbetriebe. In der Nacht vom 21. auf den 22. Juli 1941 wurde erstmals auch Moskau bombardiert. Im April 1942 folgten massive Angriffe auf Leningrad, im Mai auf Sewastopol. Stalingrad wurde fast vollständig durch Ju-88 zerstört.

Die Ju-87 war parallel zur Ju-88 in Dessau entwickelt worden. Das war ein einmotoriges Sturzkampfflugzeug (Stuka) mit zwei Mann Besatzung (in der Ju-88 saßen vier), das bereits 1938 in Spanien von der »Legion Condor« unter Kriegsbedingungen »getestet« worden war. Diese Mordinstrumente erzielten auch eine große psychologische Wirkung: An den Fahrwerksbeinen waren Sirenen angebracht, die sogenannten Jericho-Trompeten. Sobald die Flugzeuge in den Sturzflug übergingen, erzeugte der Fahrtwind einen Heulton, mit dem der Gegner eingeschüchtert werden sollte.

Von Frühjahr 1937 bis Ende 1944 wurden 5752 dieser Ju-87 produziert. Und das Wrack einer solchen Maschine meinte man vor der Insel Rügen nun entdeckt zu haben.

Wolfgang Frank von der gut organisierten Tauchbasis in Prora war an der Bergung des Flugzeugwracks beteiligt, weshalb ich ihm an dieser Stelle das Wort gebe.

»Bei der Rückfahrt von einer Tauchtour im August 1998 erwähnte Kapitän Ulli Ring vom Kutter ›Jasmund‹, dass er auf der Position 54° 30,200 N und 13° 49,300 E vor Jahren einen ›Hacker‹ gehabt hätte. Da müsse unten etwas liegen. Weil diese Position auf unserem Weg lag, beschlossen wir zu tauchen. Wir fanden in 17 Meter Tiefe Reste eines Flugzeuges.

Dann geriet das Wrack fünf Seemeilen vor Sassnitz in Vergessenheit, die Unterwasserarchäologen hatten andere, weitaus wichtigere Fundorte zu dokumentieren und zu sichern. 2011 tauchten wir jedoch mehrmals auch dort hinab, um das Wrack zu identifizieren und von Netzen und dem Muschelpanzer vorsichtig zu befreien. Wegen der charakteristischen Stellung der Flügel, die vom Rumpf nach oben ›geknickt‹ waren, meinten wir, dass es sich um eine Ju-87 handeln müsse. Der Flugzeugmotor (Jumo 211) bestätigte diese Auffassung.

Im September 2011, nach einer weiteren Wrackuntersuchung, teilte ich Mitgliedern des Tauchclubs Binz meine Feststellungen am Flugzeugwrack mit. So entstand eine Verbindung über den Taucher Lutz Wendt, Stabsfeldwebel bei den Gebirgspionieren aus Ingolstadt, zum Militärhistorischen Museum in Berlin-Gatow. Dort war man von dieser Nachricht wie elektrisiert. Noch nie war auf deutschem Territorium bislang eine vollständig erhaltene Ju-87 entdeckt worden. Das Wrack müsse unbedingt gehoben und restauriert werden.

Präzise Planung vor der Bergung des Flugzeuges. Hauptkommissar Hartmut Krämer (l.) mit Stabsfeldwebel Lutz Wendt, Pioniertaucher im Gebirgspionierbataillon 8 aus Bayern

Im Hafen von Sassnitz vorm Auslaufen: Morgendliche Einweisung der Pioniertaucher der Bundeswehr an Deck der »Spiekeroog« durch Hauptkommissar Hartmut Krämer

Im Westhafen Sassnitz, auf dem sogenannten Ölbekämpfungsplatz, bauten am 4. Juni 2012 Soldaten des bayerischen Gebirgspionierbataillon 8, der Wehrtechnischen Dienststelle WTB 71 aus Eckernförde, Taucher der Bereitschaftspolizei Mecklenburg-Vorpommern und Soldaten vom Militärhistorischen Museum Flugplatz Berlin-Gatow das Biwak auf. Traditionell wurde vorm Tauchgang an die Toten erinnert, am späten Nachmittag legten wir auf dem Waldfriedhof in Sassnitz ein Gebinde nieder. Gegen 21 Uhr erfolgten Briefing und Befehlsausgabe.

Am Morgen beluden wir den Hochseeschlepper ›Spiekeroog‹. Die Bundesmarine hatte ihn für das zehntägige Bergungsunternehmen als Taucherarbeitsplattform bereitgestellt. Wir Taucher fuhren dann mit Schlauchboot und dem Hartschalenboot der Bereitschaftspolizei aufs Meer, um die Wrackposition zu markieren.

Nachdem die ›Spiekeroog‹ die Position erreicht hatte, warf sie Anker. Wir ließen die Ausrüstungsgegenstände in Metallkörben mit dem Schiffskran zu Wasser. Mit Seilen, Markierungsband und -eisen wurde das Wrack als Baustelle eingerichtet. Das hört sich nicht nach viel Arbeit an, aber in 17 Meter Tiefe, bei begrenzter Sicht, kaum Möglichkeiten der Kommunikation, war das eine Herausforderung für die Taucher.

Das also war der zweite Einsatztag.

Am 6. und 7. Juni erfolgten die ersten Sondierungsarbeiten am Fundplatz. Wir sammelten verstreut herumliegende Wrackteile in die leeren Gitterboxen. Leider versäumten wir es, die Lage zu dokumentieren und einen Übersichtsplan anzufertigen. Das wäre eigentlich Aufgabe der Unterwasserarchäologen gewesen. Mit Spüllanzen begannen wir die größeren Wrackteile freizulegen.

Am Nachmittag des folgenden Tages war es endlich soweit. Vor den Kameras mehrerer von der Bundeswehr eingeladener Fernsehteams hoben wir die ersten größeren Teile des Leitwerks. Diese befanden sich in einem sehr schlechten Zustand, das Salzwasser hatte das Metall stark angegriffen.

Ernste Mienen an Bord der »Spiekeroog«, nachdem klar ist, dass man keine Ju-87, sondern eine Ju-88 gefunden hat. Rechts Reinhard Öser

Am 8. Juni, dem vierten Tag, kam noch ein weiteres Schiff mit Spezialtechnik, das mit Suchgeräten das Wrack neuerlich sondierte. Am Nachmittag bargen wir ein größeres Teil. Es wurde über das Heck der ›Spiekeroog‹ gehoben und bestand aus dem Seitenleitwerk, dem Seitenruder ohne den Trimmklappen und einem Stück vom Rumpf mit Seitenbefestigung für das Höhenruder.

Hauptfeldwebel Schadow vom Museum in Gatow begutachtete das Objekt und merkte kritisch an, dass die Serviceklappen am Leitwerk nicht mit den Angaben in den Dokumenten zur Ju-87 übereinstimmten.

Am nächsten Tag hoben wir den Motor. Dazu mussten unter Wasser die Verbindungsstreben zwischen Motor und Flügel abgebrannt werden. Es war klar, dass sich die Maschine nicht mit Hilfe der Motornummer würde identifizieren lassen: Die Motoren wurden damals oft auf dem Flugfeld ausgewechselt, das ging rascher als eine Überholung der ganzen Maschine im Hangar.

Die Restauratoren Oberleutnant Radtke und Hauptfeldwebel Schade stellten an den Resten der Luftschraubenblät-

Teile der Armatur der Ju-88 auf dem Grund des Meeres

Oberleutnant Torsten Radtke vom Museum in Berlin-Gatow präsentiert an Bord der »Spiekeroog« den Medienvertretern die ersten vom Meeresgrund geborgenen Flugzeugteile

ter fest, die sich in Segelstellung befanden, dass die Besatzung möglicherweise eine Notwasserung vorgenommen hatte. Allerdings mehrten sich die Indizien, dass es sich nicht um eine Ju-87, sondern um eine Ju-88 handeln könnte.

Am 11. Juni 2012 wurde dieses Fallmesser, das einem der Piloten der
Ju-88 gehört hatte, aus dem Wrack geboren. Damit wurde erstmals ein
offenbar persönlicher Gegenstand der bislang unbekannten Flugzeug-
besatzung gefunden. Zudem wurden Trümmer und Reste des Höhen-
leitwerks, der Höhenruderflosse und einer Tragfläche an die Wasseroberfläche geholt

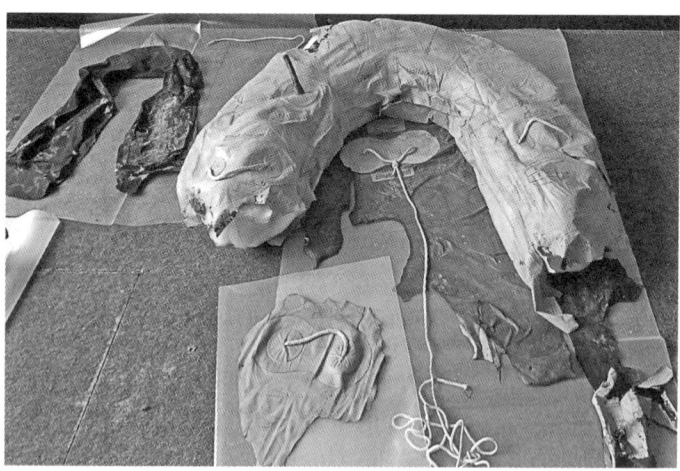

Schwimmweste der Piloten aus dem Wrack – knallgelb wie vor siebzig
Jahren trotz Salzwasser und Algen

Mit zwei Spüllanzen versuchten wir am nächsten Tag, unter dem Flügel und dem Rumpf einen Durchgang zu schaffen. Dabei kam auch das Cockpit zum Vorschein, das bislang unter Sand, Schlick und Netzen verborgen lag. Um die Arbeiten zu beschleunigen, bauten über Nacht die Besatzung der ›Spiekeroog‹ und der WTD 71 zwei weitere Spüllanzen.

Am achten Bergungstag fand Stabsfeldwebel Lutz Wendt ein Kappmesser der Besatzung, was vermuten ließ, dass Menschen in der Maschine starben, denn das war ein persönlicher Gegenstand.

An den nächsten zwei Tagen setzten wir die Grabungsarbeiten fort. Das, was die Taucher der Bereitschaftspolizei beim Spülen freilegten, wurde eingesammelt. Am Nachmittag des zehnten Tages machten wir den erste Knochenfund, weitere folgten in den nächsten Stunden. Wir stoppten die Arbeiten und benachrichtigten die Kriegsgräberfürsorge.

Allerdings: Der ›Spiekeroog‹ waren nur zehn Tage bewilligt worden, wir mussten nun das Wrack endlich heben. Hebesäcke und Verbindungsschläuche wurden angebracht. Die Kabel vom Cockpit zum Flügel, Gesamtdurchmesser etwa 20 Zentimeter, wurden gekappt, dann begann die Hebeaktion. Schon bald tauchten die großen Hebeballons an der Meeresoberfläche auf.

Das Hebeseil des Krans wurde auf das Gewicht einer Ju-87 ausgerichtet. Allerdings hatte sich in Jahrzehnten der Rumpf mit Sediment gefüllt, dadurch war das Gewicht zu groß. Auf Höhe der Schiffsreling riss das Seil mit lautem Knall, dass Wrack stürzte ins Wasser. Allerdings bestätigte sich die Vermutung, die Experten an Bord sagten, dass es sich definitiv um eine Ju-88 handelte. Die war nicht so interessant fürs Museum. Oberstleutnant Leonhardt, der Leiter des Militärhistorischen Museums in Gatow, tröstete uns.

Bei einem zweiten Versuch wurde lediglich ein kleiner Teil des Flügels mit Fahrwerk geborgen. Auf dem Flugzeugreifen war zu lesen ›Continental. Made in Germany‹. Der Reifen musste erst kurz vor dem Start der Maschine frisch aufgezogen worden sein, da man die Überstandsreste von der Reifenherstellung sehen konnte.

Die Mission wurde trotz des Irrtums um einen Tag verlängert. Wir bargen noch viele Teile, vor allem aus dem Cockpit, und menschliche Überreste. Sie sollten später in Greifswald kriminaltechnisch untersucht werden. Die ermittelte DNA, so erfuhren wir später, stammte von zwei verschiedenen Personen.

Wir gedachten am Nachmittag des letzten Tages mit einer kleinen Trauerfeier der Toten und warfen gelbe Rosen, die Lutz Wendt aus Sassnitz geholt hatte, in die Ostsee.

Im Gatower Museum setzte alsbald die Auswertung der Wrackteile ein. Man suchte nach Seriennummern auf den geborgenen Stücken, um das Flugzeug und damit auch die Besatzung, die mit diesem den Tod gefunden hatte, identifizieren zu können. Die Luftwaffe hatte penibel Buch geführt, selbst noch in den letzten Kriegstagen, viele Unterlagen waren jedoch vernichtet oder von den Alliierten beschlagnahmt worden.

Der Flugzeugmotor des Typs JuMo 211 ist an Deck gehievt, die Stummel der Holzpropeller verraten, dass die Maschine fast sieben Jahrzehnte im Wasser lag

Die Reste der vor Sassnitz 2012 geborgenen Maschine in der Ausstellung in Berlin-Gatow

Einige Wochen später, im Juli 2012, suchten wir noch einmal mit einer kleinen Tauchergruppe den Ort auf und fanden dort noch einige interessante Teile, zum Beispiel das Multianzeigegerät mit sechs einzelnen Instrumenten für die Anzeige der Kraftstoffe und Schmierbehälter.

Zwei Anzeigen waren für den Sauerstoff bestimmt, wobei die linke Anzeige fehlte. Durch die Öffnung sahen wir dickes blaues und ein dünneres schwarzes Kabel, was wir uns nicht erklären konnten. An Land nahm ich darum Kontakt auf zu Lino von Gartzen. Der junge, obgleich schon sehr erfahrene Flugzeugwracktaucher, Jahrgang 1973, ist Mitglied der Bayerischen Gesellschaft für Unterwasserarchäologie und hat das Schicksal schon mehrerer Absturzopfer aufklären können, unter anderem das von Antoine de Saint-Exupéry (›Der kleine Prinz‹). Er sagte mir, das es sich mit großer Wahrscheinlichkeit um die Anzeige für den Torpedoabwurf handeln könnte. Kein unwichtiger Hinweis, dem wir nachgehen sollten.

Ausstieg eines Bundeswehrtauchers nach dem Tauchgang zum Wrack
der Ju-88 vor Sassnitz

Weitere Hinweise fanden wir in Alexander Steenbecks Buch ›Die Spur des Löwen‹ und im Internet. Ab 1944 wurden für deutsche Flugzeuge Zwangswege eingerichtet, die etwa zehn Kilometer vom Festland entfernt verliefen. Offensichtlich wähnte man sich über Wasser sicherer. Die Fundstelle des Wracks lag auf einer solchen Route. Und noch etwas hatte uns stutzig gemacht. Wir hatten einen kleinen Lederschuh im Rumpf gefunden. Der Kinderschuh konnte das Erinnerungsstück eines Piloten gewesen sein. Er könnte aber auch einem Passagier gehört haben. Bekanntlich wurden bis Kriegsende alle verfügbaren Ju-88 eingesetzt, um Soldaten und Zivilisten aus dem Kurland-Kessel auszufliegen. Nicht auszuschließen, dass auch ein Kind mit an Bord war.

Erstmals wurden Teile des von uns vor Sassnitz geborgenen Wracks im November 2012 in der traditionellen ›Langen Nacht der Museen‹ in Gatow der Berliner Öffentlichkeit gezeigt.

Auf der Homepage des Militärhistorischen Museums *(www. mhm-gatow.de)* heißt es auf der Seite ›Bergungen‹: ›Die Verbindung zu Flugzeugenthusiasten, Interessengemeinschaften und Partnermuseen ermöglicht, stetig den gemeinsamen Erfahrungsschatz zu erweitern. Pioniere der Bundeswehr unterstützen die Such- und Bergungsoperationen. Das Museum ist an drei bis fünf Bergungen im Jahr beteiligt. Unter den bisherigen Fundstücken des Museums und seiner Partner befanden sich die folgenden, herausragenden Objekte.‹ Und der letzte Eintrag lautet: ›eine Junkers Ju-88, geborgen am 1. bis 15. Juni 2012 vor Sassnitz durch das Museum, Taucher des Gebirgspionierbataillons 8 Ingolstadt und die Mannschaft des Seeschleppers Spiekeroog. Das Wrack wird in der Restaurierungswerkstatt konserviert und durch Historiker des Museums untersucht.‹« Soweit Wolfgang Franks Bericht.

Taucher im
trüben Wasser
der Ostsee

Das Wrack des Katapultschiffs der Lufthansa »Westfalen«, gesunken 1944

Von Sebastian Dellweg

Im Sommer 2010 brachte ein vermeintlich harmloser Dialog mit meinem langjährigen Freund und Tauchpartner Oliver Thiel einen Stein ins Rollen. Wir überlegten uns zu dieser Zeit, welches Wrack das nächste Ziel für unsere Wracktauchgruppe sein sollte, und Thiel schlug vor, eine Expedition zur »Westfalen« zu unternehmen, die zehn Kilometer vor Göteborg im Kattegat liegt.

Der ehemalige Frachter war von der Deutschen Lufthansa in den 30er Jahren zu einem Flugstützpunktschiff für Dornier Wal-Flugboote umgebaut worden, das als Katapultschiff im Postflugdienst über den Südatlantik diente. Damals stellte dies eine Pionierleistung in der Luftfahrt dar. Vor dem Weltkrieg verfügte die Lufthansa über vier solcher Katapultschiffe, von denen ihre Flugboote im Post- und Passagierdienst nach Westafrika und Südamerika starteten.

Aber wie war die »Westfalen« ins Kattegat gekommen, und warum sank sie 1944 vor der Westküste Schwedens?

Die wechselvolle und abenteuerliche Geschichte der »Westfalen« begann im Jahr 1905 in Bremen. Der dort 1857 gegründete Norddeutsche Lloyd (NDL) erteilte der Werft Joh. C. Tecklenborg AG in Geestemünde einen Bauauftrag für einen neuen Frachtdampfer. Dieser wurde unter der Baunummer 208 auf Kiel gelegt. Der Stapellauf des auf den Namen »Westfalen« getauften Schiffes erfolgte am 14. November 1905, die Indienststellung am 30. Dezember 1906 durch den Kunden NDL. Die »Westfalen« verkehrte hauptsächlich zwischen Deutschland und Australien.

Im Juli 1914 erhielt das Schiff einen Funkspruch, dass mit dem Beginn eines Krieges zu rechnen sei. Daraufhin steuerte die »Westfalen« mit ihrer Kohlenladung, die für Batavia (heute Jakarta/Indonesien) bestimmt war, das chilenische Valparaiso an. Nachdem dort die chilenische Regierung der Aufforderung der USA nachkam, das Schiff festzusetzen, beschädigte die Mannschaft das Schiff nachhaltig, sodass es dort während der Dauer des gesamten Krieges in Südamerika lag.

Der Hafen Valparaiso heute

Das Flugstützpunktschiff auf Reede

Nach Kriegsende entging die »Westfalen« der Auslieferung, da sie – dreizehn Jahre nach ihrer Indienststellung – von der Interalliierten Kommission für zu alt befunden wurde. Zwar hatte das Schiff noch kein bemerkenswertes Dienstalter erreicht, doch der rasche technische Fortschritt auch im Schiffbau während der Kriegszeit relativierte offensichtlich das Alter. Die NDL erhielt die »Westfalen« zurück. Nach der Reparatur der Schäden trat sie 1920 die Heimreise nach Bremerhaven an, wo sie gründlich überholt wurde. Am 3. Januar 1922 stach sie von Bremen nach Ostasien erstmals wieder als Frachter in See.

Es ist nicht bekannt, ob sie in den folgenden zehn Jahren auch auf anderen Strecken eingesetzt wurde. Bis zur zweiten Auflegung soll sie auch im Nordamerika-Dienst gefahren sein.

Anfang der 30er Jahre gab es während der Weltwirtschaftskrise keine Verwendung mehr für das in die Jahre gekommene Schiff. Unrentabel geworden, legte der Norddeutsche Lloyd die »Westfalen« an die Kette.

1932 suchte die sechs Jahre zuvor gegründete Fluggesellschaft Deutsche Luft Hansa (DLH) – die Schreibweise wurde

Die »Westfalen« der Deutschen Lufthansa, im Hintergrund ist das start-
bereite Flugboot Dornier, Typ Do 10-t Wal, zu sehen

1933 in Deutsche Lufthansa geändert – nach einem Schiff,
welches zum ersten Katapultschiff der Welt umgebaut und
kommerziell eingesetzt werden sollte. Um den Luftpostver-
kehr über den Südatlantik zu beschleunigen, sollte als Teil der

Teile der Verstrebung des Heinkel-Katapults K6, inzwischen von der Meeresfauna überwuchert

Luftpoststaffel, die die Südamerika-Poststrecke von Berlin nach Buenos Aires in Argentinien bediente, ein Katapultschiff mitten im Südatlantik stationiert werden. Dieses sollte hochseetauglichen Flugbooten die Überquerung des Südatlantiks zwischen Bathurst und Natal in zwei Etappen ermöglichen, da der Nonstop-Flug über die 2800 km lange Strecke in den 30er Jahren zwar möglich, aber noch nicht kommerziell praktikabel war. Von Bathurst (heute Banjul/Gambia) im damals noch britischen Gambia an der westafrikanischen Küste sollten Flugboote das in der Mitte der Strecke über den Südatlantik wartende Katapultschiff anfliegen und dort auf See landen. Die Flugboote sollten dann mit einem Kran auf das Schiff gehoben, aufgetankt und gewartet werden, um dann mit einem pressluftbetriebenen Katapult wieder gestartet zu werden.

Durch den Katapultstart sparten die Flugboote, die natürlich aus eigener Kraft von See aus hätten starten können, große Mengen Treibstoff und vergrößerten somit ihre Reichweite.

Ebenso erhöhte sich die Zuladung, da die Flugboote mit einem höheren Abfluggewicht gestartet werden konnten.

Ein weiterer Vorteil des Katapultstarts lag darin, dass Nachtstarts bei sehr schlechten Lichtverhältnissen Problemlos möglich waren, Wasserstarts hingegen waren bei relativer oder völliger Dunkelheit unmöglich.

Vom schwimmenden Stützpunkt gestartet, sollten die Flugboote dann ihren Weg über den Atlantik fortsetzen, um bei Natal in Brasilien das südamerikanische Festland zu erreichen. Von dort aus konnte der Flug entlang der Ostküste bis nach Buenos Aires in Argentinien erfolgen.

Während der Weltwirtschaftskrise hatten viele Handelsschiffe aufgegeben, so dass die DLH die Qual der Wahl hatten, auf welchen Frachter sie ihr Katapult bauen wollten. Da die Lufthansa bereits während der Erprobungsphase des Katapultstarts eng mit dem Norddeutschen Lloyd zusammengearbeitet hatte, lag es nahe, sich für ein Schiff aus NDL-Beständen zu entscheiden. Die Wahl fiel auf die zu jenem Zeitpunkt schon fast dreißig Jahre alte »Westfalen«. Zu dieser Entscheidung trug sicher auch der gute Ruf der »Westfalen« als ein Schiff mit ausgezeichneten Seeeigenschaften bei. So wurde am 1. Juli 1932 ein Chartervertrag zwischen der DLH und dem NDL abgeschlossen, der die Bereederung und den Seebetrieb durch Personal des Norddeutschen Lloyd vorsah. Lediglich der Kapitän und das fliegende Personal kamen von der Lufthansa.

Auf der Seebeck-Werft in Geestemünde, die seit 1926 ein Werk der Deutschen Schiffs- und Maschinenbau AG (Deschimag) war, erfolgte der umfassende Umbau des betagten Frachtdampfers zu einem technologischen Novum seiner Zeit. Um dem Rumpf die für die zukünftigen Aufgaben notwendige Festigkeit zu verleihen, wurden zuerst einige Korsettstangen zur Versteifung in den Rumpf eingezogen. Für eine stabile Lage des Schiffes sorgten zudem fünf Ballastwassertanks. (Ich konnte nicht ermitteln, ob diese schon vorher vorhanden waren oder erst im Rahmen des Umbaus installiert wurden.) Zu den wichtigsten flugtechnischen Einrichtungen, die die

»Westfalen« erhielt, gehörten ein Drehkran, eine Katapultanlage, ein sogenanntes Heinsches Landesegel und eine leis-
tungsfähige Funk- und Peilanlage. Der 13,50 Meter hohe Drehkran konnte 15 Tonnen heben. Er war eine Sonderentwicklung
des Kranspezialisten E. Becker aus Berlin-Reinickendorf. Das
Katapult vom Typ K 6 wurde von dem in Warnemünde an-
sässigen Flugzeugbauer Heinkel konstruiert. Es bestand aus
einem in Fachwerkbauweise aus Profileisen genieteten Schienenträger, auf dem ein pressluftbetriebener Startschlitten saß.
Mit einem Druck von 160 atü wurde dieser Startschlitten mit
dem darauf gesetzten Flugzeug auf einer 31,60 Meter langen
Beschleunigungsstrecke in nur 1,52 Sekunden auf 150 km/h
gebracht. Dies entsprach einer Beschleunigung von 3,5 g.

Es konnten Flugzeuge mit bis zu 14 Tonnen Startgewicht
katapultiert werden.

Die gesamte Katapultanlage wog 58 Tonnen und war
41,20 Meter lang. Zur Stromversorgung der flugtechnischen
Anlagen wurden zwei 80 kW-Siemens-Generatoren einge-
baut, die jeweils von einem 4-Zylinder-4-Takt-Dieselmotor
mit 145 PS angetrieben wurden. Diese Motoren stammten von
der Deutsche Werke Kiel AG. Außerdem erhielt die »Westfalen« Wohn-, Kühl- und Vorratsräume sowie Werkstätten und
Treibstofflager zur Versorgung der Flugzeuge.

Auch eine meteorologische und ozeanographische Station
der Deutschen Seewarte wurde eingerichtet, die von zwei
Meteorologen der Hamburger Seewarte betrieben wurde. So
konnten dem fliegenden Personal fundierte Wetterinforma-
tionen zur Verfügung gestellt werden.

Nach Fertigstellung der Umbauarbeiten Ende April 1933
wurde die »Westfalen« als erstes Katapultschiff der Lufthansa
am 3. oder 4. Mai 1933 in Kiel in Dienst gestellt. Bald darauf
verlegte sie unter Kapitän Dettmering nach Bathurst, wo sie
am 19. Mai 1933 eintraf.

Zehn Tage später erfolgte unter Jobst von Studnitz der
erste Probestart mit der Lufthansa-Maschine »Monsun«
(D-2069). Es handelte sich hierbei um eines der beiden für

den Betrieb auf der »Westfalen« ausgerüsteten Dornier-Flugboote vom Typ Do JIIak Bos. Die bereits zu diesem Zeitpunkt berühmten und für ihre Zuverlässigkeit und Robustheit geschätzten Flugzeuge dieser Modellreihe wurden im Volksmund »Wale« genannt, wegen seines Startgewichts von rund acht Tonnen auch »Acht-Tonnen-Wal«.

Die »Westfalen« war für die Tests in der Mündung des Gambia-Flusses vor Anker gegangen. Nach der erfolgreichen Generalprobe fuhr sie an den Einsatzort im Südatlantik, rund 1550 km vor Bathurst.

Die erste Überquerung des Südatlantiks nach dem Prinzip des Stafettenfluges erfolgte am 6. Juni 1933 durch Flugkapitän Blankenburg mit der »Passat« (D-2068). Blankenburg startete den »Wal« aus eigener Kraft in der Gambia-Mündung und flog mittels Funkpeilung die »Westfalen« an. Nach der Wasserung steuerte Blankenburg den »Wal« von hinten an das Schiff heran, an dessen Heck das Schleppsegel ausgefahren war. Das Flugboot wurde auf dieses Segel aufgefahren, so dass es relativ stabil auf diesem schwimmenden Segel stand und leicht von dem am Heck befindlichen Kran aufgenommen werden konnte. An Bord wurde der »Wal« aufgetankt und mit dem Katapult in Richtung Brasilien gestartet.

Nach einem anstrengenden Flug, der teilweise in nur zehn Metern Höhe erfolgte, traf die »Passat« sicher in Natal ein. Die Praktikabilität des Transatlantikfluges durch die innovative Kombination von Flugboot und Katapultschiff war damit eindrucksvoll unter Beweis gestellt.

Nach Abschluss einer Erprobungsphase kehrte die »Westfalen« Ende Juni 1933 noch einmal zu einem kurzen Werftaufenthalt nach Deutschland zurück, um einige technische Verbesserungen vornehmen zu lassen. Im Februar 1934 wurde der regelmäßige Luftpostliniendienst über den Südatlantik aufgenommen.

Ende 1934 stand der Lufthansa eine weiterentwickelte Version des »Acht-Tonnen-Wals« zur Verfügung. Dabei handelte es sich um die Do JIIf Bos, die ein geschlossenes Cockpit und eine größere Tragfläche hatte. Dadurch betrug das Startgewicht zehn Tonnen. Und weil mehr Treibstoff aufgenommen wurde, erhöhte sich die Reichweite auf 3600 Kilometer. Damit konnte die Strecke Bathurst-Natal nonstop geflogen werden.

Zeitgleich stellte die DLH ihr zweites Katapultschiff, die »Schwabenland«, in Dienst. Sie wurde vor Bathurst positioniert, während die »Westfalen« vor die dem brasilianischen Festland vorgelagerte Insel Fernando de Noronha verlegt wurde. Die »Wale« wurden fortan von der »Schwabenland« vor Bathurst gestartet und flogen direkt bis Fernando de Noronha, wo die »Westfalen« bereitlag, um den Flugbooten den Weiterflug zum Festland zu ermöglichen.

Am 14. Februar 1936 wurde der Flugbetrieb auf der »Westfalen« von einer Tragödie überschattet. Eine wenig erfahrene Flugbesatzung war mit der »Tornado« (D-ADYS) zu einem Nachtflug gestartet. Der 1. Flugzeugführer Olaf Bielenstein hatte erst zehn Südatlantikflüge absolviert, sein 2. Flugzeugführer, Otto Scheffler, war sogar nur Volontär bei der DLH, für den dieser Start die Premiere bedeutete. Sie sollten ihr Ziel nie erreichen, »Tornado« blieb verschollen. Bielenstein, Scheffler, der Flugmaschinist Wilhelm Wittmann und der Flugzeugfunker Alfred Conrad kamen ums Leben.

Am 27. März 1938 wurde an Bord der »Westfalen« noch einmal Luftfahrtgeschichte geschrieben. Unter Federführung der Dornier Werke GmbH sollte ein neuer Langstreckenrekord mit der Do 18 W, wobei das W für »Weltrekord« stand, aufgestellt werden. Die »Westfalen« ging dafür südöstlich der englischen Hafenstadt Dartmouth im Englischen Kanal vor Anker. Von dort sollte ein Direktflug nach Brasilien erfolgen. Um 14:05 Uhr GMT startete die D-ANHR vom Katapult der »Westfalen« Richtung Brasilien. 1. Flugzeugführer war der erfahrene DLH-Pilot Hans-Werner von Engel. Als 2. Flugzeugführer fungierte der Dornier-Werkpilot Erich Gundermann. Als Flugmaschinist war Helmut Roesel an Bord, der Funker hieß Hans-Joachim Stein. Nach genau 43 Stunden Flugzeit war die 8392 Kilometer lange Strecke bewältigt. Die bewährte

Liaison von Dornier-Flugboot und Katapultstart hatte einmal mehr höchst eindrucksvoll ihre Effizienz und Leistungsfähigkeit unter Beweis gestellt.

Ein halbes Jahr nach dieser technischen und fliegerischen Meisterleistung verlor die »Westfalen« eine zweite Flugbesatzung. Die Do 18 »Pampero« (Kennzeichen D-AROZ) startete unter der Führung des 1. Flugzeugführers Erich Lochner am Nachmittag des 30. September 1938 und zerschellte nach rund 11:53 Stunden und etwa 2558 Kilometern auf der Wasseroberfläche. Man vermutet, dass der gefürchtete Sekundenschlaf des Piloten die Ursache für den Absturz war. Die Piloten flogen oft nur knapp über der Wasseroberfläche, um den sogenannten Bodeneffekt auszunutzen. (Der Bodeneffekt entsteht durch die vom Flugzeug nach vorn und unten verdrängte Luft, die zwischen der Tragflächenunterseite und dem Boden – hier Wasseroberfläche – verdichtet wird. Dadurch entsteht eine Art Luftkissen, welches den Auftrieb des Flugzeugs erhöht. Dieses hilft auch bei der Einsparung von Treibstoff, was bei den Transatlantikflügen von größter Bedeutung war. Der Bodeneffekt stellt sich aber nur in sehr geringer Höhe über Grund ein. Die geringste Unaufmerksamkeit konnte dann bei dieser gefährlichen Kombination aus extrem niedriger Flughöhe und hoher Fluggeschwindigkeit innerhalb von Sekundenbruchteilen eine Wasserberührung zur Folge haben.) Von der »Pampero« wurden lediglich kleine Wrackteile geborgen, der Aufschlag auf der Wasseroberfläche muss verheerend gewesen sein. Keiner der fünf Männer an Bord überlebte.

Gut vier Jahre lang lief der Linienflugbetrieb erfolgreich. Noch 1938 wurde die bislang nur gecharterte »Westfalen« von der Lufthansa angekauft, aber weiterhin vom Norddeutschen Lloyd bewirtschaftet. Doch das Ende der zivilen Verwendung der »Westfalen« und der Katapultfliegerei war vorgezeichnet. Seit 1936 hatte die DLH versucht, nach dem Vorbild im Südatlantik eine Luftpostroute auch über den Nordatlantik zwischen Lissabon und New York zu etablieren. Doch über Versuchsflüge kam das Projekt, in das zuletzt die beiden größten Katapultschiffe der DLH, die »Schwabenland« und die modernere »Friesenland«, nicht hinaus. Der Grund: Die US-Regierung verweigerte der Lufthansa die Genehmigung zur Luftpostbeförderung in die USA. Zu groß waren die eigenen wirtschaftlichen Interessen. Die USA wollten die Strecke nach Europa selbst erschließen und bedienen, die US-Airline Pan American Airways unternahm entsprechende Vorbereitungen. In Gegenrichtung wurden die Briten mit Imperial Airways aktiv.

Das Bestreben der Lufthansa, den Transozean-Flugbetrieb mit dem bewährten Erfolgsrezept auch auf andere Strecken auszuweiten, war damit gescheitert. So musste sie ihre beiden dort versuchsweise eingesetzten Katapultschiffe aus dem Nordatlantik abziehen. Die größere »Friesenland« wurde nunmehr im Südatlantik vor Recife positioniert und ersetzte Ende 1938 die »Westfalen«. Am 4. November 1938 schleuderte sie ein letztes Mal eine Lufthansa-Maschine in Richtung Las Palmas: es war die Dornier Do 18 »Zephir« (D-ARUN) unter Flugzeugführer Bernhard Grütering. Für die »Westfalen« hatte die Lufthansa keine Verwendung mehr. Sie wurde nach Deutschland zurückbeordert und in Bremen aufgelegt.

Zur gleichen Zeit nahm parallel noch eine weitere Entwicklung ihren Lauf, die das endgültige Ende der Katapultschiffe herbeiführte. Diese ging von der Deutschen Lufthansa selbst aus. Am 10. August 1938 flog eine Focke-Wulf Fw 200 Condor der DLH nonstop die 6558 Kilometer lange Strecke von Berlin-Tempelhof nach New York. Die Condor war ein elegantes, landgestütztes Flugzeug mit Einziehfahrwerk. Und anders als die »Wale« und die Do 18, die ausschließlich für den Transport von Luftpost ausgelegt waren, beförderte die Condor auch 25 Passagiere. Während die DLH von 1934 bis 1939 unbeirrt im Südatlantik ihren Luftpostdienst mit Flugbooten und Katapultschiffen aufrechterhielt, hatte die Flugzeugtechnik bahnbrechende Fortschritte erzielt. Die eleganten Landflugzeuge mit ihren stromlinienförmigen Rümpfen und Einziehfahrwerken begannen den Atlantik zu überqueren, das

Taucher über einem abgeschossenen Jagdflugzeug P-476 Thunderbolt

komplizierte und riskante Abenteuer der Katapultfliegerei war
dadurch Geschichte.

Bei Ausbruch des Zweiten Weltkrieges wurde die »Westfalen« von der Luftwaffe requiriert, um die Seefernaufklärer
zu unterstützen. Am 30. August 1939 – also am Vorabend des
Überfalls auf Polen – wurden beim Luftwaffenkommando
Berlin die Übergabeverhandlungen mit der Lufthansa geführt.
Am 10. Januar 1940 begann auf der Norderwerft in Hamburg
eine aufwendige Grundüberholung des Schiffes, am 25. Mai
war das Schiff einsatzbereit. Es wurde dem Kommando
»Schiffe und Boote der Luftwaffe« mit Sitz in Kiel-Holtenau
unterstellt. Trotzdem wurde sie seemännisch weiterhin von
einer zivilen Besatzung geführt, obgleich die »Westfalen« gemäß der »Kriegsdienstanweisung für die Führung der See-
fahrzeuge der Luftwaffe« die Reichsdienstflagge führte. Die
zivilen Besatzungsmitglieder trugen Borddienstkleidung oder
Zivil. Das Tragen von militärischen Uniformen war ihnen

untersagt. Zusätzlich hatten die Seeleute stets eine gelbe Armbinde mit der Aufschrift »Deutsche Wehrmacht« zu tragen.

Die »Westfalen« wurde zunächst der zweiten Staffel der Küstenfliegergruppe 306 (2. [F]/306) zugewiesen, die auf dem Seefliegerhorst Hörnum auf Sylt stationiert und mit Dornier Do 18 ausgestattet war. Da der Seeweg von Wesermünde nach Hörnum vermint war, erfolgte die Verlegung unter Geleitsicherung.

Am 20. August überlebte die »Westfalen« vor Sylt den ersten britischen Fliegerangriff schadlos. Dennoch erschien ein weiterer Einsatz vor Sylt zu gefährlich, sodass sie zunächst bis zum 10. September freigestellt wurde, um sich nach Osten zurückziehen zu können. Doch aus einer Beurlaubung der Besatzung sollte nichts werden. Um der steigenden Bedrohung durch Seeminen in der Nordsee und der Fliegerangriffe zu begegnen, wurde die Zeit genutzt, um eine magnetische Eigenschutz-Anlage (MES) zum Schutz gegen Magnetminen sowie zwei Zwei-Zentimeter-Einzelflak, jeweils auf einer Plattform auf dem Vorschiff und dem mittleren Hinterschiff, zu installieren. Der Einbau fand auf der H. C. Stülcken-Werft in Hamburg statt.

Wie geplant kehrte die »Westfalen« am Abend des 10. September 1940 nach Hörnum zurück.

Im Oktober wurde ein Plan zur Verlegung nach Brest in der französischen Bretagne wieder verworfen, so dass sie zunächst weiter in der Nordsee eingesetzt wurde. Als die »Westfalen« am 6. Januar 1941 durch einen Ruderschaden und Kohlenmangel bewegungsunfähig wurde, schien ihr Schicksal besiegelt, zumal man keine richtige Verwendung für sie hatte. Es wurden Überlegungen laut, sie als Wohnschiff für eine seemännische Schule in Travemünde einzusetzen oder weiter als Schleuderschiff zu verwenden. Im April 1942 wurde die »Westfalen« nach Trondheim in Norwegen verlegt.

Dort wurde sie der Küstenfliegergruppe 706 zugewiesen. Diese war der Luftflotte 5 unterstellt, die ihr Hauptquartier auf dem Holmenkollen bei Oslo hatte. Die K. Fl. Gr. 706 setzte sowohl die Dornier Do 18 als auch die Blohm & Voss Bv 138 ein. Seit dem 29. September 1941 griff die deutsche Kriegsmarine alliierte Geleitzüge im Nordatlantik an, die von Reykjavik nach Murmansk und Archangelsk (Code PQ) liefen, sowie die gegenläufigen Geleitzüge von dort nach Reykjavik (Code QP). Die Seeflieger der Luftwaffe hatten die Aufgabe, die Kriegsmarine mit Seefernaufklärungsflügen zu unterstützen. Von den Stützpunkten Trondheim und Altafjord erfolgten Aufklärungsflüge bis nach Island und nahe der grönländischen Küste im Westen sowie bis nach Spitzbergen im Norden. Daneben gehörten auch die Wetter- und die Eisaufklärung zu den Aufgaben der Flieger.

1942/43 lag die »Westfalen« in der Seebeck-Werft in Geestemünde, die auch den ersten Umbau zum Katapultschiff durchgeführt hatte. Sie erhielt ein glattes Flugdeck, was im Wesentlichen durch die Versetzung des Schornsteins nach äußerst backbord erreicht wurde. Das sollte das umständliche und zeitraubende Herumdrehen der Flugzeuge um den Schornstein unnötig machen. Auch wurde der große Mast achtern entfernt und durch einen kleineren ersetzt, der seine neue Position am Schornstein erhielt. Die Flugzeuge konnten nun, nachdem sie mit dem Becker-Kran auf das hintere Deck gehievt worden waren, direkt auf das Katapult auf dem Vorschiff geschoben werden.

Die »Westfalen« erhielt ferner eine zweite Abstellbahn hinter der Brücke nach schräg achtern. Durch eine geringfügige Verkürzung des Hecks hinter dem Kran schrumpfte die Länge des Schiffs von 130,5 auf 128,5 Meter.

Die Küstenfliegergruppe 706 wurde im Juli 1943 aufgelöst. Stattdessen wurden die Seefernaufklärungsgruppen SAGr 130 und 131 neu gebildet, denen die »Westfalen« weiter diente. Auch die 1./SAGr 125 wurde von ihr unterstützt. Es gibt nur sehr wenige Informationen aus jener Zeit, die zudem meist auch nur anekdotisch sind. Speziell der Hintergrund der Verlegung aus Norwegen und das Ziel der letzten Fahrt stellen

Militärhistoriker bis heute vor ungelöste Fragen. Auch die Identität der damals an Bord befindlichen Gefangenen, unter denen neben Norwegern auch Deutsche waren, ist nicht vollständig geklärt. Und wohin sollten sie gebracht werden?

Dreh- und Angelpunkt der Diskussion ist die Annahme, dass die »Westfalen« eine vitale Bedeutung für die Seefernaufklärung über dem Nordatlantik und dem Polarmeer hatte. Ihr Abzug aus Nordnorwegen bedeutete für einige Militärhistoriker zwangsläufig das Ende der Seefernaufklärung in dieser Region. Deshalb ist es ihnen rätselhaft, weshalb eine solche Entscheidung überhaupt getroffen wurde.

Zum Zeitpunkt der Verlegung der »Westfalen« und bis zum Kriegsende befanden sich jedoch drei weitere Schleuderschiffe der Luftwaffe in Mittel- bzw. Nordnorwegen, die moderner und leistungsfähiger waren als die »Westfalen«. Die »Friesenland« sowie »Bussard« und »Falke« verfügten über moderne Dieselmotoren, während die »Westfalen« noch ihre alte Dampfmaschine gehabt haben dürfte. Es finden sich in der Literatur zwar unterschiedliche Leistungsangaben, jedoch kein konkreter Hinweis auf eine Modernisierung der Maschinenanlage. Die motorgetriebenen Schiffe waren in den nördlichen Einsatzgebieten leichter zu betreiben als der alte Dampfer. Auch das hohe Alter der »Westfalen« forderte nachweislich seinen Tribut. Ich teile darum nicht die Meinung, dass der Wegfall der »Westfalen« das Ende der Seeaufklärung in Norwegen bedeutet habe.

Meine Annahme wird gestützt durch einen Eintrag im Kriegstagebuch vom 5. Juni 1942, in dem es heißt, dass der Oberbefehlshaber der Luftwaffe grundsätzlich bereit sei, die »Westfalen« dem Oberkommando der Kriegsmarine zur Verwendung als Wohnschiff zu überlassen, *sobald* die neue »Bussard« in Trondheim einsatzbereit sei.

Diese Aussage impliziert eindeutig, dass die »Westfalen« schon Mitte 1942 vom Oberbefehlshaber der Luftwaffe nicht mehr als wichtig für die Seeaufklärung in Nordnorwegen angesehen wurde.

Doch war es überhaupt notwendig, die »Westfalen« zu ersetzen? Welche Rolle spielte die deutsche Seefernaufklärung mit Flugbooten über dem Nordatlantik im Sommer 1944 überhaupt noch?

Aufgrund der Limitationen des K 6-Katapultes waren die einzigen Flugzeugmuster der Luftwaffe, die von der »Westfalen« aus gestartet werden konnten, die Dornier Do 18 und die Blohm & Voss Bv 138. Die Do 18 war schon zu Kriegsbeginn veraltet und spielte im Sommer 1944 keine Rolle mehr in der Seefernaufklärung. Somit war das Standardmuster die Bv 138, wobei es sich zu jenem Zeitpunkt wohl ausschließlich um die Variante C-1 gehandelt haben dürfte. Hatten diese Maschinen nur wenig mehr als 3000 Liter Treibstoff an Bord, waren sie kaum noch zu einem sicheren Wasserstart aus eigener Kraft fähig. Einzige Abhilfen waren der Einsatz von Starthilferaketen oder der Katapultstart. Sicher erhöhte der Katapultstart die Reichweite und Flugdauer der Bv 138 signifikant. Wurde beim Wasserstart eine Reichweite von 1250 Kilometern angegeben, entsprechend einer Flugdauer von 6,5 Stunden, war beim Katapultstart eine Reichweite von 3900 Kilometer und eine Flugdauer von 18 Stunden möglich.

Ob diese Reichweitensteigerung mit Hilfe des K 6-Katapults überhaupt erreichbar war, ist jedoch fraglich. Sie wäre nur bei einem Überlaststartgewicht von 17,65 Tonnen möglich gewesen. Der K 6-Katapult, der ursprünglich für Flugzeuge von acht bis zehn Tonnen Gewicht konzipiert worden war, hatte jedoch nur eine Kapazität von 14 Tonnen, was ihn schon bei dem normalen Startgewicht der Bv 138 von 14,5 Tonnen an seine Grenzen gebracht hätte.

Die Literatur liefert keine Hinweise darauf, ob im Zuge der Umbaumaßnahmen 1942/43 auch eine Leistungssteigerung des Katapults vorgenommen wurde. Dies wäre für einen effektiven Einsatz der Bv 138 eigentlich zwingend erforderlich gewesen. Doch selbst eine solche Leistungssteigerung, sollte sie denn stattgefunden haben, hätte die Situation nicht grundlegend geändert. Führt man sich vor Augen, in welcher Lage sich die Kriegsmarine und die Luftwaffe Nazideutschlands im Sommer 1944 befanden, erscheint selbst diese deutlich erhöhte Reichweite kaum ausreichend, um eine effektive Seefernaufklärung zu leisten. Schon seit Mitte 1942 spielte sich die Geleitzugbekämpfung in rund 2000 bis 3500 Kilometern Distanz zu den Basen der Seeaufklärer ab. Zu weit entfernt für die Maschinen der deutschen Luftwaffe. Mit 3900 Kilometern Reichweite gelang es den Bv 138 oft nur, wenn überhaupt, kurz zu einem Konvoi aufzuschließen. Oft mussten sie, ohne genaue Positionsbestimmungen vornehmen zu können, den Rückflug antreten, um mit dem letzten Tropfen die Heimatbasis zu erreiche.

Landgestützte Flieger wie die viermotorige Focke-Wulf Fw 200 Condor mit maximal 4490 Kilometern Reichweite vermochten dort mehr zu leisten und trugen inzwischen auch die Hauptlast bei der Seefernaufklärung. Zudem war die Condor aufgrund ihrer besseren aerodynamischen Auslegung auch schneller als die Flugboote. Die Condor sollte durch die leistungsfähigere Junkers Ju-290, abgelöst werden. Oberst i. G. Georg Pasewaldt am 22. März 1943: »Wir haben erlebt, dass die Condor bei bestimmten Wetterlagen umkehren musste, weil sie so stark beansprucht war, dass ein Bruch der Flächen zu befürchten war.« Die Ju-290 konnte hingegen auch bei sehr schlechten Wetterlagen und Spitzenböen von über 140 km/h sicher fliegen.

Bis zum September 1944 sollten elf Maschinen dieses Musters in Norwegen zur Verfügung stehen. Doch dazu kam es nicht mehr. Das Jahr 1943, beginnend mit dem Untergang der 6. Armee in Stalingrad, brachte die Kriegswende. An allen Fronten standen die Zeichen unumkehrbar auf Rückzug.

Bis Ende 1944 geriet die Seefernaufklärung zu einer Marginalie. Nachdem in der Nacht zum 22. September 1943 das deutsche Schlachtschiff »Tirpitz« im Altafjord, im Operationsgebiet der »Westfalen«, von britischen Kleinst-U-Booten so schwer beschädigt wurde, dass es zur Reparatur in eine Werft geschleppt werden musste, war die Flotte der Kriegsmarine mehr denn je zur »fleet in being« geworden. Die »Tirpitz« war nicht mehr einsatzfähig, die »Scharnhorst« lag zurückgezogen im Langfjord. Die Marineführung zögerte beim Einsatz gegen alliierte Geleitzüge, zu groß war die Angst vor möglichen Verlusten.

Als am 22. Dezember 1943 von einem deutschen Wetteraufklärer nahe der norwegischen Küste der alliierte Geleitzug JW-55B entdeckt wurde, forderte die Marineführung von der Luftwaffe Seefernaufklärung an. Am 23. Dezember fanden Aufklärer den Konvoi wieder und machten auch Angaben zu Position und Kurs. Aufgrund der schlechten Wetterlage blieben jedoch Größe und Zusammensetzung des Geleitschutzes unklar. Festgestellt worden war nur, dass die Nahsicherung ungewöhnlich stark war. Über die übliche und auch in diesem Fall vermutete Kreuzergruppe und eine Ferndeckungsgruppe mit mindestens einem schweren Schlachtschiff im Hintergrund konnte man nur Vermutungen anstellen. Zu verstärkter Aufklärung gedrängt, soll vom Hauptquartier der Luftflotte 5 auf dem Holmenkollen eine erstaunliche Verweigerung gekommen sein. Sie lautete: Da die Seefernaufklärer selbst nicht in der Lage waren, so schwer gesicherte Geleitzüge anzugreifen und Reichsmarschall Göring auch jede Unterstützung durch andere Verbände der Luftwaffe abgelehnt habe, sähe man in weiterer Aufklärung in Anbetracht der schlechten Wetterlage einen »unnötigen Verschleiß«, wenn nicht die Kriegsmarine entschlossen sei, den Geleitzug anzugreifen. Auf dem Holmenkollen war man offensichtlich nicht geneigt, das Leben der Flugzeugbesatzungen unnötig aufs Spiel zu setzen, wenn von vornherein erwartet werden musste, dass die Ergebnisse der Seeaufklärung ohne Konsequenz blieben.

Erst auf massiven Druck durch den Flottenchef Admiral Otto Schniewind und seine Zusicherung, dass U-Boote *bereits* gegen den Geleitzug operieren würden und die »Scharnhorst«-Gruppe eingesetzt werden solle, sobald dies Erfolg versprechend sei, wurden entsprechende Einsatzbefehle gegeben.

Solche Aussagen lassen vermuten, dass die von der »Westfalen« eingesetzten Bv 138 schon vor dem September 1944 keine effektive Seefernaufklärung für die Kriegsmarine zu leisten imstande war: wegen der technischen und fliegerischen Umstände, dem kriegsbedingten Versorgungsengpässen und aufgrund der erdrückenden Lufthoheit der Briten über dem Einsatzgebiet.

Vor diesem Hintergrund ergibt sich somit für die Verlegung der »Westfalen« eine Umkehr der bisher von Historikern angenommenen Kausalkette: nicht der Abzug der »Westfalen« bedeutete das Ende der Seefernaufklärung in Norwegen, sondern die zunehmende Undurchführbarkeit des Auftrages der Seeflieger ließ den weiteren Einsatz der »Westfalen« in Nordnorwegen nicht mehr als kriegswichtig erscheinen. Zudem dürfte ihr Betrieb wegen der veralteten Dampfmaschine und der Versorgung mit Kohlen ebenfalls zunehmend schwierig geworden sein. Selbst die fünf Zerstörer, die im September 1943 die im Altafjord liegenden »Tirpitz« und »Scharnhorst« sichern sollten, wurden nicht ausreichend mit Heizöl versorgt – ein Jahr vor dem Abzug der »Westfalen« aus Norwegen. Bereits am 6. Januar 1941 war die »Westfalen« schon einmal neben einem Ruderschaden auch wegen Kohlenmangels bewegungsunfähig gewesen.

Die am 6. Juni 1944, dem »D-Day«, mit der Landung der Alliierten in der Normandie eröffnete 2. Front hatte zudem eine drastische Verkürzung der von Deutschland kontrollierten Küstenfronten zur Folge. Der Dank des Vorrückens der Einheiten der Anti-Hitler-Koalition erzwungenen Verluste der deutschen Besatzungsterritorien führte auch zu einem Abzug der vormals dort stationierten Seefliegerstaffeln. Diese wurden in Norwegen und der Ostsee konzentriert.

Vor diesem Hintergrund erscheint es durchaus schlüssig, dass die »Westfalen« in ihrem ursprünglichen Operationsgebiet Nordnorwegen von den leistungsfähigeren Schleuderschiffen »Bussard« und »Falke« ersetzt und stattdessen in die Ostsee verlegt werden sollte. Sie hätte die dort operierenden Seenotgruppen unterstützen können, deren Rückgrat noch immer die Bv 138 war.

Eine am 19. August 1944, fast einen Monat vor dem Abzug der »Westfalen« herausgegebene Geheime Kommandosache des Oberkommandos der Luftwaffe (Az. 11b 16.25 Nr. 12 266/44 g. Kdo.) hatte die Vereinfachung der Führung des Seenotdienstes zum Inhalt. Sie sah die Zusammenfassung der Seenotstaffeln und Seenotflottillen zu Seenotgruppen und die Neuschaffung von Seenotverbindungskommandos vor. Aus ihr leiteten sich Einsatzbefehle wie dieser ab: »Mit allen zur Verfügung stehenden Seefahrzeugen der Luftwaffe und den Flugbooten sind Flüchtlings- und Sanitätstransporte durchzuführen. Im gesamten Seegebiet der Ostsee ist die Seenotsicherung, Suche und Bergung zu gewährleisten.«

In diesem Szenario hätte auch die betagte »Westfalen« Dienste leisten können, da sie den von den Seenotgruppen eingesetzten Bv 138 zu einem höheren Startgewicht und sichereren Einsatzbedingungen hätte verhelfen können. Auch wenn es sich hierbei um eine Hypothese handelt, für die es keinerlei belastbare historische Belege gibt, stellt m. E. eine Verlegung der »Westfalen« in die Ostsee eine logische Maßnahme dar, die zu untermauern jedoch weiterer Nachforschungen bedarf.

Am 6. September 1944 verließ die »Westfalen« unter Kapitän Wilhelm Lappe von Oslo aus Norwegen, sie nahm Kurs auf Frederikshavn an der Nordwestküste Dänemarks. Die Anzahl der an Bord befindlichen Personen ist bis heute nicht ganz sicher. Laut dem Historiker Erich Gröner belief sich die Stammbesatzung auf drei Offiziere und 51 Mannschaften. Sein Kollege Müller schreibt von etwa 45 Mann und geht von 38 Mann technischem Personal der Luftwaffe aus. Außerdem sollen sich noch neun Mann Flakmannschaft unter der Einsatzleitung von Wachtmeister Engel an Bord befunden haben.

In Oslo nahm die »Westfalen« 50 norwegische Gefangene der Gestapo auf. Es handelte sich um sogenannte NN-Häftlinge, die von der Geheimpolizei der Nazis im Rahmen von Nacht- und Nebel-Aktionen inhaftiert worden waren. Sie sollten in ein Konzentrationslager deportiert werden. Dies geht aus einem Schreiben des Chefs der Sicherheitspolizei und des SD an das Auswärtige Amt in Berlin vom 15. September 1944 hervor. Keine Erwähnung fand in diesem Schreiben, dass sich – nach schwedischen Quellen – auch 25 deutsche Gefangene an Bord befanden. Es ist nicht klar, was der Grund für ihre Gefangenschaft war, doch die Anlässe für eine Inhaftierung dürften auch für Deutsche vielfältig gewesen sein. Sie reichten von Desertion über Fraternisierung mit Norwegern, Spionage bis zur aktiven Mitwirkung in Widerstandsbewegungen.

Tatsächlich handelte es sich bei der letzten Fahrt der »Westfalen« also um einen Gefangenentransport. Auch in dem besagten Schreiben wird der Begriff »Häftlingstransport« verwendet.

Dieser Gefangenentransport wurde von den beiden SS-Sturmscharführern Heinze und Kuhoff geleitet. Besonders Heinze, der von den Norwegern »Bankemannen« (»Prügelmann«) genannt wurde, war für seine Brutalität und Folterpraxis berüchtigt. Er gehörte dem Sicherheitsdienst an und war im Gebäude des Staatsarchivs von Kristiansand tätig, welches dem SD nach der Besetzung Norwegens als Hauptquartier diente. Das »Arkivet« wurde durch Männer wie Wilhelm Heinze zur Folterhochburg und zum Schrecken der Widerstandsbewegung in Südwestnorwegen.

Die Gefangenen wurden unter unmenschlichen Bedingungen in einem der ehemaligen Frachträume der »Westfalen« untergebracht. Ein Teil der Gefangenen musste aus Platzmangel stets stehen, damit sich ihre Leidensgefährten zum Schlafen oder Ausruhen hinlegen konnten.

An Bord befanden sich auch Wehrmachtangehörige auf Urlaub, die ins Reichsgebiet wollten. Ihre Anzahl ist in keiner Quelle dokumentiert. Aus der Angabe im Kriegstagebuch der Seekriegsleitung, dass die Besatzung etwa 280 Mann stark gewesen sei, wurde von Historikern eine Zahl zwischen 136 und 150 abgeleitet. Einen Beleg gibt es für keine dieser Angaben, und auch die Formulierung, die sich im KTB der SKL findet, ist vage. Dort heißt es wörtlich: »Die Besatzung soll etwa 280 Mann stark gewesen sein«, was auf eine gewisse Unsicherheit auch auf Seiten der SKL schließen lässt. Die Tatsache, dass sich wahrscheinlich mehr deutsche Soldaten auf Fronturlaub als Gefangene der Gestapo an Bord befanden, mag dazu beigetragen haben, dass die letzte Fahrt der »Westfalen« häufig als Truppentransport und das Schiff als Truppentransporter oder sogar »Urlaubertransportschiff« bezeichnet wird. Diese Bezeichnung erscheint vor dem Hintergrund der wahren Natur dieser Fahrt geradezu zynisch.

Besonders in der deutschen Literatur richtet sich fast immer der Fokus auf die Beförderung der Heimaturlauber, der sich in der norwegischen und schwedischen Literatur so nicht findet. Der Untergang der »Westfalen« wird in der deutschen Literatur lediglich als Opferepisode behandelt, die Gestapo-Gefangenen hingegen finden fast nie Erwähnung.

Warum für einen solchen Transport ein so denkbar ungeeignetes Schiff wie die »Westfalen« überhaupt ausgewählt wurde, ist bis heute nicht wirklich schlüssig erklärt. Tatsache ist: Gefangenentransporte der Gestapo wie dieser waren keine Ausnahme. Sie gingen von Oslo, wo das Gestapo-Hauptquartier lag, entlang der schwedischen Küste durch den Kattegat nach Dänemark. Zielhäfen waren Frederikshaven oder Århus. Passagierschiffe standen durchaus zur Verfügung. Als Beispiel sei hier ein ähnlicher Transport von NN-Gefangenen der Gestapo genannt, der am 7. Juni 1943 abging. 140 norwegische Gefangene waren vom Hauptquartier, in dem sie inhaftiert und für den Transport gesammelt worden waren, am Akershus-Kai des Osler Hafens an Bord des Hamburg-Süd-Schiffes »Monte Rosa« gebracht worden. Die »Monte Rosa« fuhr in den 30er Jahren als KdF-Schiff. Im dänischen Århus stiegen die Gefangenen in Eisenbahnwaggons nach Hamburg um, wo sie selektiert wurden. 71 von ihnen wurden in das Konzentrationslager Natzweiler-Struthof verbracht, einem 55 Kilometer von Straßburg im Elsass gelegenen Straf- und Arbeitslager.

Unter den norwegischen Gefangenen an Bord der »Westfalen« befand sich auch ein junger Mann namens Petter Moen. Der 1901 in Drammen bei Oslo geborene Mathematiker schloss sich nach der Besetzung Norwegens durch das faschistische Deutschland der norwegischen Widerstandsbewegung an. Er wirkte an der Produktion und am Vertrieb illegaler Untergrundzeitungen wie *Fri Presse* und *Rex Rotary* mit und wurde später einer der beiden Chefredakteure der größten Widerstandszeitung *London-Nytt*. 1944 wurde er vom Koordinationskomitee der Heimatfront zum Leiter der gesamten Widerstandspresse Norwegens berufen. *London-Nytt* erschien von 1942 bis 1944 in 540 Ausgaben mit insgesamt 1,5 Millionen Auflage. Als die Besatzer im Februar 1944 mehrere Untergrundzeitungen des norwegischen Widerstandes entdeckten, kam es zu einer großen Inhaftierungswelle unter den Pressemitarbeitern, die als »Pressekrakket« (»Pressekrach«) in die Geschichte der norwegischen Widerstandsbewegung einging. Petter Moen wurde verhaftet und im Osloer Gestapo-Gefängnis in der Møllergata 19 inhaftiert.

Diese Adresse war während der deutschen Besatzung berüchtigt. Ursprünglich Polizeistation und Gefängnis, wurde das Gebäude zunächst von der Wehrmacht, später von der Gestapo als Hauptquartier genutzt. Hunderte politische Gefangene wurden dort inhaftiert, gefoltert und verhört. Dieses Gebäude existiert noch heute, nur die Gefängniseinrichtung wurde entfernt.

Während seiner siebenmonatigen Gefangenschaft schrieb Moen in einer Mischung aus Verzweiflung und Entschlossenheit ein Tagebuch. Da ihm keine Schreibutensilien zur Verfügung standen, blieb ihm nur Toilettenpapier, in welches er mit einem Drahtstift aus einer Verdunkelungsgardine seiner Zelle Worte einstach. Insgesamt »beschrieb« er auf diese Weise, teils in völliger Dunkelheit der Isolationshaft und mit fast übermenschlicher Mühsal, 1400 Blätter Toilettenpapier, die er zusammengerollt in einem Lüftungsschacht seiner Gefängniszelle versteckte.

Am 6. September wurde er gemeinsam mit zwei seiner Mitstreitern aus der Redaktion der *London-Nytt,* Reidar Olaf Østlind und Sverre Lie, auf die »Westfalen« gebracht.

Neben den Führungspersönlichkeiten der Untergrundpresse aus der Hauptstadt Oslo waren auch 15 Widerstandsaktivisten aus der Region Sørlandet im Südwesten Norwegens rund um Kristiansand an Bord. Es handelte sich bei ihnen um Persönlichkeiten aus unterschiedlichen sozialen Schichten und Berufen. Sie alle waren zuvor Opfer von grausamer Folter durch Mitglieder der Sicherheitspolizei und des Sicherheitsdienstes im »Arkivet« in Kristiansand geworden, bevor sie nach Oslo überstellt wurden.

Nachdem Kapitän Lappe mit der »Westfalen« trotz schlechten Wetters aus Oslo ausgelaufen war, wartete er im Oslofjord auf Geleitschutz. Am Abend des 7. September um 20 Uhr setzte er mit Geleitschutz durch die 8. Sicherungsdivision, angeführt durch T 156, seine Fahrt mit Kurs auf Frederikshavn fort. Am Morgen des 8. September 1944 befand sich die »Westfalen« nahe der Inseln Öckerö und Stora Pölsan. Es herrschte Sturm mit Windstärke 11, der mit Windgeschwindigkeiten von bis zu 20 m/s aus südlicher Richtung für schwere See sorgte. Das bekannte Problem, dass die »Westfalen« nicht immer leicht auf Kurs zu halten war, wurde ihr zum Verhängnis. Die asymmetrischen Decksaufbauten – Brückenhaus, Schornstein und Katapult – bewirkten auch eine asymmetrische Gewichtsverteilung und einen hohen Schwerpunkt, da außer Personen keine schwere Fracht an Bord war. Im Zusammenspiel mit der altersschwachen Ruder- und Maschinenanlage, die wiederholt, teils notdürftig, instandgesetzt worden war, muss die »Westfalen« bei so schwerer See äußerst schwer auf Kurs zu halten gewesen sein. Der stürmische Wind kam bei ihrem Kurs von vorn und von Steuerbord, so dass sie ständig nach Backbord, also zur schwedischen Küste hin, abdriftete. Auch dürfte bei dem starken Gegenwind und der Wellenhöhe nur sehr geringe Fahrt über Grund möglich gewesen sein, so dass sie schon in der Nacht die Geschwindigkeit des Geleits nicht halten konnte und zunehmend die Fühlung verlor. Den Sichtkontakt zu ihrem Geleit hatte sie bereits verloren. Der Geleitzug fuhr unterdessen weiter Richtung Frederikshaven.

Bereits zu jenem Zeitpunkt kam von der »Westfalen« auf Anfrage keine Standortmeldung mehr. Auf Parallelkurs in südgehender Richtung fuhr zufällig ein Konvoi aus zwei alliierten Passagierschiffen in Richtung der Göteborg vorgelagerten Inselgruppe Vinga. Die Schiffe waren vom Internationalen Roten Kreuz gechartert worden, um deutsche Kriegsgefangene zu einem Gefangenenaustausch nach Kopenhagen zu bringen. Es handelte sich um die schwedische »Drottningholm« (1905/11 285 BRT, ex »Virginian«) der Svenska-Amerika-Linien und die während des Krieges als Truppentransporter eingesetzte britische »Arundel Castle« (1921/19 118 BRT) der Union-Castle Mail Steamship Co. Ltd. Sie hatten Geleitschutz durch den schwedischen Zerstörer HMS »Karlskrona«.

Der kleine Konvoi traf auf Höhe von Pater Noster auf die »Westfalen«. An Bord der »Karlskrona« war man sofort auf sie aufmerksam geworden.

Um 11.15 Uhr hatte die »Westfalen« eine Position zwischen Vinga und Stora Pölsan erreicht, als sie von einer starken Explosion erschüttert wurde, der 45 Sekunden später eine zweite folgte. Die »Westfalen« war direkt in ein Minenfeld hineingesteuert und hatte zwei Minentreffer erhalten. Möglicherweise handelte es sich bei dem Minenfeld um die sogenannte Paternoster-Sperre, die von einem deutschen Minenleger-Verband bereits am 18. April 1940 ausgelegt worden war und das gesamte Kattegat vom dänischen Skagen bis Pater Noster an der schwedischen Westküste abriegelte.

Diese Minensperre bestand aus 250 U-Boot-Abwehrminen des Typs A (UMA), die in sechs Reihen mit Tiefeneinstellungen von 12 und 15 Metern bestand. Diese verfügten über insgesamt acht Berührungszünder, die eine Sprengladung von 30 Kilogramm zur Detonation brachten. Die Sperre reichte bis ins Planquadrat 4544 westlich der Insel Öckerö und sollte feindliche U-Boote abwehren.

Petter Moen (1901–1944) ein studierter Mathematiker, war einer der Köpfe des norwegischen Widerstandes

Die Zelle D. 2 im Gefängnis Möllergarten 19 in Oslo, in der Petter Moen vom 4. Februar bis 21. April 1944 in Haft saß

Das Manuskript des Tagebuches von Peter Moen, wie es nach dem Krieg unter dem Fußboden der Zelle gefunden wurde

Aufgespannte Rückseite eines Tagebuchblattes, im Spiegel fotografiert, sodass die gestochene Schrift sichtbar wurde

Dass Kapitän Lappe von dieser Minensperre keine Kenntnis hatte, ist auszuschließen. Sie existierte schon seit über vier Jahren, und die »Westfalen« unterstand operativ der Kriegsmarine. Wahrscheinlicher ist, dass die mit 11 Knoten Höchstfahrt recht langsame »Westfalen« bei den hohen Windgeschwindigkeiten und der schweren See kaum auf Kurs zu halten war und ihre Besatzung nicht verhindern konnte, dass sie in das Minenfeld getrieben wurde. Die schlechten Sichtverhältnisse in der Sturmnacht könnten den Navigationsfehler begünstigt haben.

Eine andere Möglichkeit besteht darin, dass Lappe geglaubt haben könnte, die auf minimal 12 Meter Tiefe eingestellten Minen mit seinen 8 Metern Tiefgang sicher überlaufen zu können. Bei ruhiger See hätten den Kiel seines Schiffes immer noch vier Meter Wasser von den Minen getrennt. Doch bei hohem Wellengang beginnt ein Schiff zu stampfen und tief in die Wellentäler einzutauchen. Es kommt den Minen, die mit einem Ankertau auf konstanter Tiefe über Grund verankert sind, daher näher. Nur wenige Meter Wellenhöhe können daher ausreichen, um zu einer Berührung der Zünder zu führen. Daher dürfte der eintauchende Bug die erste Mine zur Detonation gebracht haben. Als der Bug sich auf den nächsten Wellenberg hob, sackte das Heck entsprechend tief ab und brachte die zweite Mine zur Explosion. Dies würde die zwei Explosionen mit 45 Sekunden Abstand erklären.

Die Besatzung der »Karlskrona« wurde Zeuge, wie der Bug der »Westfalen« durch die Minenexplosion angehoben wurde und das Schiff über das Heck zu sinken begann. Von Bord des Havaristen konnte noch ein Notruf abgesetzt und eine Signalrakete abgefeuert werden.

Vom Leuchtturmwärter auf Pater Noster, Bertil Nilsson, wurde das Geschehen mit einem Fernglas beobachtet.

Sofort ging die »Karlskrona« auf Gegenkurs, um zu Hilfe zu eilen. Als sie die sinkende »Westfalen« erreichte, hatte der Wind bereits auf 35 m/s aufgefrischt, was die Rettung der Schiffbrüchigen erheblich erschwerte. Nach Augenzeugenberichten sollen sich an Bord des sinkenden Schiffes unglaubliche Szenen abgespielt haben. Jeder versuchte einen Platz in einem der beiden Rettungsboote zu ergattern. Die in einem der Laderäume eingepferchten Gefangenen versuchten an Deck zu gelangen. Als sie nach ihrer geglückten Befreiung schließlich orientierungslos an Deck standen, waren sie völlig auf sich allein gestellt. Auch sie versuchten in die Rettungsboote zu kommen. Doch die Plätze reichten bei weitem nicht für die vermutlich 280 Menschen an Bord aus. Die »Westfalen« verfügte nach dem letzten großen Umbau nur noch über zwei große Rettungsboote, die beide auf der vorderen Schiffshälfte an der Backbordseite angebracht waren. Vor dem Umbau waren es noch drei gewesen.

Nur eines dieser beiden Rettungsboote konnte überhaupt klargemacht werden. Einer der norwegischen Gefangenen, der den Untergang überlebte, berichtete nach seiner Rettung einem schwedischen Zollbeamten, ein Deutscher habe mit einem Gewehr versucht, die norwegischen Gefangenen von dem Rettungsboot fernzuhalten.

In der vierstündigen Rettungsaktion hatte die »Karlskrona« in der schweren See größte Schwierigkeiten, ihre Position an der Unglücksstelle zu halten. Dabei musste sie stets darauf achten, nicht selbst in das Minenfeld hineinzumanövrieren oder die Schiffbrüchigen zu überlaufen. Wie groß die seemännische Herausforderung war, mag sich durch die Anzeige des Krängungsmessers der »Karlskrona« verdeutlichen, der bei 50 Grad anschlug! Bei einer solchen Schieflage war es für die Besatzung extrem schwierig, das Schiff sicher zu manövrieren oder sich an Deck zu bewegen und dabei auch noch Rettungsmanöver durchzuführen.

Der Besatzung des schwedischen Zerstörers gelang es schließlich unter Einsatz ihres eigenen Lebens, 52 Menschen zu retten. Die hinzugerufenen Zerstörer »Klas Horn« und »Göteborg« konnten zusammen noch acht Schiffbrüchige an Bord nehmen. Einem Lotsenboot aus Marstrand gelang die Rettung von weiteren fünf Menschen.

Insgesamt überlebten 73 deutsche Besatzungsmitglieder und Gefangene.

Von den 50 norwegischen Gefangenen wurden nur fünf gerettet. Einer von ihnen war der Kommunist und Fabrikarbeiter Ragnvald Ugland aus Evje, der im »Arkivet« von Kristiansand Folteropfer Heinzes war. Ugland war es wie durch ein Wunder gelungen, sich selbst an die schwedische Küste zu retten.

Die genaue Zahl der Todesopfer ist bis heute unbekannt, man schätzt mindestens 202. Unter ihnen war der SS-Mann Heinze, dessen Leichnam später an die schwedischen Küste angespült wurde. Bei ihm fand man auch seinen SS-Ausweis. Durch seinen Tod konnte er nicht mehr für seine Verbrechen, die er im »Arkivet« an norwegischen Bürgern begangen hatte, zur Rechenschaft gezogen werden. Eine nach dem Ende des Krieges durchgeführte Polizeiuntersuchung in Kristiansand überführte Heinze, 73 Opfern misshandelt und gequält zu haben. Damit nahm er auf der Liste der schlimmsten Folterer der SS in Kristiansand den vierten Platz ein. Seine Kollegen wie etwa SS-Hauptsturmführer und Kriminalkommissar Rudolf Kerner, SS-Oberscharführer und Kriminalassistent Friedrich Wilhelm Meyer oder SS-Hauptscharführer und Kriminalsekretär Paul Glomb wurden nach dem Krieg vor Gericht gestellt und zum Tode, andere zu langjähriger Zwangsarbeit verurteilt.

Die Katastrophe der »Westfalen« mit ihrer hohen Zahl an Todesopfern erschütterte die Menschen besonders in Norwegen und Schweden schwer. Dabei war jedoch nicht nur die Opferzahl allein ausschlaggebend, die im Vergleich zu anderen Schiffsverlusten zu dieser Zeit nicht außergewöhnlich gewesen sein mag. Norwegen traf besonders der Verlust so vieler bedeutender Widerstandsaktivisten. Neben der Hauptstadt Oslo war besonders die Region Sørlandet im Südwesten Norwegens rund um Kristiansand betroffen. Allein 14 der ums Leben Gekommenen stammten von dort. Für die dortige Widerstandsbewegung war der Untergang der »Westfalen« das schlimmste Einzelereignis, welches sie je traf. Der Verlust so vieler Widerstandskämpfer war ein schwerer Schlag für die

Region, der die antifaschistische Bewegung schwächte. Diese Männer hatten sich mit ihrem mutigen und selbstlosen Einsatz für ihr Land verdient gemacht und genossen höchstes Ansehen in der Bevölkerung.

Nazideutschland forderte nur sechs Tage nach der Tragödie von Schweden die Auslieferung der fünf geretteten norwegischen Gefangenen. Entsprechendes geht aus einem Schreiben des Chefs der Sicherheitspolizei und des SD an das Auswärtige Amt in Berlin vom 15. September hervor.

Auch Schweden stand unter Schock. Die Menschen in der Küstenregion Marstrand erlebten das Grauen des Seekrieges hautnah. Viele Leichname wurden in den Tagen nach dem Untergang an ihre Küste gespült und von ihnen geborgen. Es war eine schwere Zeit für die lokale Bevölkerung, die den Anblick von Leichen und Särgen zum Alltag werden ließ.

Das Rettungsboot der »Westfalen« wurde von der »Karlskrona« in den Marinestützpunkt Nya Varet bei Göteborg geschleppt.

Die Betroffenheit reichte bis in höchste Regierungskreise und sorgte für ein diplomatisches Nachspiel. Aus ganz anderen Gründen. Die schwedische Regierung war erbost und offensichtlich auch peinlich berührt, dass Deutschland schon seit Jahren derartige Gefangenentransporte von Norwegen aus entlang der schwedischen Küste durchführte und das neutrale Schweden nun auch noch zum Schauplatz einer solchen Tragödie gemacht hatte. Stockholm fühlte sich moralisch in der Pflicht und verlangte daraufhin von Deutschland, diese Gefangenentransporte zu stoppen. Zunächst schien der Interventionsversuch auch erfolgreich zu sein, denn kurz darauf sicherte Deutschland tatsächlich eine Einstellung der Transporte von Norwegen aus zu. Doch das war nur diplomatisches Taktieren. Denn zur selben Zeit, als die schwedischen Zeitungen das Deutschland abgerungene Zugeständnis vermeldeten, erfolgten die nächsten Deportationen auf gleicher Route. Die schwedische Presse berichtete darüber nicht mehr. Das neutrale Schweden wollte um jeden Preis seine Neutralität waren,

Särge mit den deutschen Toten, aufgereiht am schwedischen Ufer

um nicht in den Krieg gezogen zu werden. Dem schwedischen Kommandanten der »Karlskrona«, die unter großem Einsatz allein 52 Menschen aus Seenot retten konnte, Kapten A. Oscar J. Falkmann, wurde am 7. Januar 1945 von der schwedischen Gesellschaft zur Rettung Schiffbrüchiger die Redersplakett verliehen. Allen Besatzungsmitgliedern, die an der dramatischen Rettungsaktion beteiligt waren, wurde von deutscher Seite eine entsprechende Belohnung zugesagt.

Von den 73 geretteten Deutschen hatten neun Verletzungen unterschiedlicher Schwere erlitten. Sie wurden alle in das Sahlsgrenska-Krankenhaus in Göteborg gebracht und medizinisch versorgt. Schon am 10. September wurden bis auf einen Mann alle für transportfähig erklärt und zwei Tage später mit einem deutschen Lazarettzug auf die Heimreise nach Deutschland geschickt. Einer von den Geretteten musste zunächst wegen eines schweren Nervenschocks weiter in Göteborg in der Psychiatrie behandelt werden. Die 64 unverletzt Geretteten wurden zunächst in einem schwedischen Lager interniert, durften aber am 12. September über Helsingborg heimreisen.

Für die 45 norwegischen Opfer des Untergangs, die von Anfang an von den deutschen Opfern abgesondert wurden,

Die fünfzehn Särge mit den norwegischen Opfern wurden mit der Staatsflagge bedeckt

wurde im Dom von Göteborg ein Gedenkgottesdienst abgehalten.

Ich habe bei einem Besuch in Göteborg 2011 die Gräber der 35 dort beigesetzten Opfer gesucht, aber nicht gefunden.

Petter Moen wurde 1945 in der Gamle Aker Kirke in seiner Heimatstadt Oslo beigesetzt.

Die Gräber der meisten deutschen Opfer befinden sich auf dem Soldatenfriedhof von Kviberg im Norden Göteborgs. 94 Särge wurden dort am 15. September, nach einer Trauerfeier in der deutschen Kirche, beigesetzt. Über eine Beisetzung am Unglücksort Marstrand war nachgedacht worden, aber der dortige Friedhof war zu klein.

Drei weitere Tote, die noch am 25. September an der Insel Skaftö angetrieben wurden, fanden ihre letzte Ruhestätte auf dem Friedhof Åse bei Fiskebäcksil, und noch einmal sechs weitere Männer in Lysekil.

Auch auf Öckerö finden sich Gräber deutscher Soldaten, von denen einige laut einer Mitarbeiterin des Fischerei-

Grabplatte des Kapitäns der »Westfalen«, Wilhelm Lappe, und des 2. Offiziers, Heinrich Inselmann, auf dem Friedhof Kviberg in Göteborg

museums auf Hönö zur Besatzung der »Westfalen« gehört haben sollen. Dies ließ sich allerdings bei einer Ortsbesichtigung im Jahre 2011 anhand der Grabsteininschriften nicht bestätigen.

Petter Moen hatte Mitgefangene über die Existenz seines Tagebuches und dessen Versteck im Gestapo-Gefängnis in Oslo informiert. Nach dem Ende der deutschen Besetzung wurde das Tagebuch gefunden und 1949 veröffentlicht. Seitdem erschien »Petter Moens dagbok« in zahlreichen Auflagen und in vielen Sprachen (1959 auch in der BRD). Das Tagebuch – ähnlich wie das der Anne Frank in den Niederlanden – machte Petter Moen für die Norweger zu einer Symbolfigur des antifaschistischen Widerstandes in Skandinavien. Auch sämtliche Ausgaben der Untergrundzeitung *London-Nytt,* die Moen wesentlich mitgestaltete, sind heute als sein Vermächtnis in der Universitätsbibliothek der Stadt Bergen (Universitetsbiblioteket i Bergen) archiviert und in digitalisierter Form über deren Homepage einsehbar. *(https://digitalt.uib.no/handle/ 1956.2/2568?language=en).*

Im September 2011 tauchten wir zum Wrack der »Westfalen«. Wir hatten mit der auf Öckerö stationierten »Stora M« ein geeignetes Expeditionsschiff gefunden. Der ehemalige Minensucher HMS M 24 der schwedischen Marine gehörte zu den zehn Küstenminensuchern der M 15-Klasse, die 1941 gebaut worden waren und dem neutralen Schweden bis weit in die Nachkriegszeit dienten. Der Rumpf dieser Boote war aus Honduras-Mahagony, aufgeschaubt auf einem Verstärkungsrahmen aus Stahlspanten. Das Boot war 27,70 Meter lang und fünf Meter breit und hatte eine Wasserverdrängung von 70 Tonnen. Nach der Ausmusterung ging es in Privatbesitz über und wurde von Wracktaucher zu einem Expeditionsboot ausgerüstet, wie es nur wenige gibt.

Das erklärt, weshalb es nicht so einfach war, einen freien Termin zu bekommen. »Stora M« war in fester Hand schwedischer Stammkunden, zu denen auch die in Göteborg ansässige Firma »Poseidon« zählte. Gegenüber »Laufkundschaft« verhielt man sich reserviert, unbekannte Taucher sah man nicht so gern an Bord. Doch unser Verhandlungsgeschick führte letztlich zum Erfolg, wir einigten uns auf Tauchgänge am 9. und 10. September 2011. Nunmehr konnte die Tauchcrew zusammengestellt werden.

Als erstes gewannen wir den Unterwasserfotografen Thomas Jähnig, der auch erfahrener Trimix- und Wracktaucher war. Dazu kamen Uschi Brennmaehl, Jens Höner, profilierter Wrack- und Tec-Taucher, Ingo Oppelt und Dietmar Scholten von der Tauchergruppe des U-Boot-Museums Cuxhaven.

Am Abend des 7. September 2011 trafen wir im Hafen von Öckerö ein und nahmen gleich Quartier auf dem Boot, welches Schlafmöglichkeiten für bis zu 13 Taucher bot. Die »Stora M« erwies sich bereits auf den ersten Blick als ein sehr gepflegtes und bestens ausgestattetes Boot. Tauchtechnisch bot es neben einem Kompressor auch Füllmöglichkeiten für Sauerstoff, Nitrox und Trimix. Die Taucherleiter reichte tief ins Wasser und wies kleine, seitengleiche Sprossenabstände auf, was den Ausstieg mit schwerem Gerät sicher machte. Auch über die Bordwand gehängte Leinen, an denen man die Stages oder Kameraausrüstung einhängen konnte, bevor man bepackt die Taucherleiter erklomm, zeigten, dass das Boot bis ins letzte Detail durchorganisiert war.

Wir wussten, dass wir es mit einer kräftiger Oberflächenströmung zu tun hatten und die Strömungsverhältnisse in der Tiefe nicht kalkulierbar waren. Da Skipper Peter auf einem Aufstieg an der Schotleine bestand und freischwebende Dekompressionen am Hebesack in diesen Gewässern unüblich schienen, verzichteten wir auf Kreislaufgeräte oder eine zweite Stage. Wir tauchten mit offenen Tauchgeräten und mit nur einer Stage. Auch beschlossen wir, die Dekompressionszeit zunächst moderat zu halten, bis wir die Tauchbedingungen einschätzen konnten.

Das Wrack der »Westfalen« lag in 52 Metern Tiefe. Den höchste Punkt am Bug erreichte man nach etwa 35 Metern. Da die primären Ziele der Tauchgänge darin bestand, zunächst einen Überblick über Lage und Zustand des Wracks zu erhalten, gab es keinen Grund, die Maximaltiefe aufzusuchen. Daher kam neben Trimix 21/35 auch Luft zum Einsatz. Als Dekompressionsgase wurden EAN 80 und EAN 50 verwendet, was auch zu einer angenehmen Entzerrung an der Schotleine während der Dekompression führte.

Während der Aufstiege begrüßte uns ab sechs Meter eine starke Strömung, die nach 30 Minuten Dekompression die Arme recht lang werden ließ. Wir hingen buchstäblich wie Fahnen im Wind. Die Vorstellung, man könne von der Schotleine gerissen und abgetrieben werden, war nicht angenehm. Die Dekompressionzeit musste dennoch unbedingt eingehalten werden, um den im Blut gelösten Gasen genug Zeit zu lassen, abgeatmet zu werden. In einer solchen Situation einfach aufzutauchen, würde den Einsatz eines Rettungshubschraubers mit anschließender Druckkammerfahrt nach sich ziehen, unter Umständen musste man den Rest des Lebens im Rollstuhl verbringen.

Nach dem Tauchgang zum Wrack der »Westfalen«: Autor Sebastian Dellwig (r.) und Oliver Thiel

Würde man, andere Option, von der Strömung abgetrieben werden, müsste man sofort einen Hebesack zur Oberfläche schicken, jenem mit Atemluft gefüllten Auftriebskörper, der üblicherweise zum Bergen von Gegenständen benutzt wird. Beim technischen Tauchen wird er allerdings als Dekompressionshilfe eingesetzt. Der Hebesack wird unter Wasser mit Luft gefüllt und an einer Seilrolle wie ein Ballon zur Oberfläche geschickt. An diesen Auftriebskörper hängt sich der Taucher, um sicher die vorgeschriebene Tiefe zu halten. Dieser in Signalfarbe gehaltene Auftriebskörper wird vom Boot gesehen und verfolgt. Allerdings kann dieses nicht dem Abgetriebenen folgen, sofern noch andere Taucher unter Wasser sind und an der Schotleine hängen.

Am zweiten Tauchtag machte starker Wind eine Ausfahrt wenig sinnvoll, so dass wir uns entschlossen, erst am Nachmittag zu tauchen und damit auf einen der geplanten Tauchgänge zu verzichten.

Die Strömungsverhältnisse erwiesen sich an diesem zweiten Tauchtag als noch interessanter. Während des Ab- und Auf-

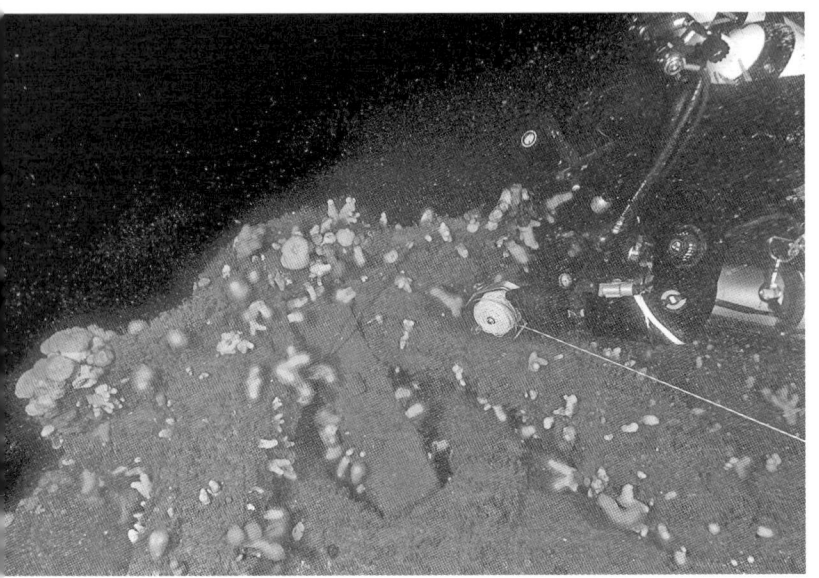

Taucher am Wrack der »Westfalen«

stiegs änderte die Strömung zweimal die Richtung, die Schotleine stand wie ein Z im Wasser. Wie am Vortag war sie sehr
kräftig.

Während der drei Tauchgänge wurde die Bugsektion der
»Westfalen« dokumentiert. Der Rumpf war in zwei Teile zer-
brochen und lag mit 90° auf der Backbordseite. Der Schie-
nenträger mit dem Dampfkatapult war vollständig erhalten.
Die Fachwerkkonstruktion aus genieteten Profileisen zog sich
wie eine Brücke über die Steuerbordseite des Vorschiffs. Der
Steuerbordanker befand sich noch in der Ankerklüse. Auf der
Back neben dem Schienenträger stand auf einer Plattform die
Lafette der vorderen Zwei-Zentimeter-Flak, die Flugabwehr-
kanone selbst fehlte allerdings.

Die Hecksektion, auf der vormals der Flugzeugkran stand,
erreichten wir nicht. Dafür hätten wir eine zweite Schotleine
benötigt.

Trotz der moderaten Tiefe zeigte sich, dass die »Westfalen«
kein einfach zu betauchendes Wrack war. Die oft starken Strö-

120

mungen während der längeren Dekompressionsphasen an der Schotleine strengten an und waren nicht ungefährlich. Hinzu kam die schlechte Sicht. Im Sommer war überdies Hochsaison für die lokale Krabbenfischerei. Die über Grund gezogenen Schleppnetze mit Baumkurren wirbelten Sediment und Meeresflora auf, das machte die Sicht noch schlechter. Vielleicht war das ein Grund, warum die »Storate« freie Termine hatte. Den Schweden war dieser Umstand gewiss bekannt.

Wir werden irgendwann zur »Westfalen« zurückkehren. Drei Tauchgänge reichen einfach nicht aus, um einen ausreichend Eindruck zu gewinnen und das große Wrack gar umfassend zu dokumentieren.

Wasserbombe, geborgen in der Kadetrinne, in Mellenthin auf der Insel Usedom gesprengt

Bombensprengung
in der Kadetrinne

Die Kadetrinne gehört zu den am stärksten befahrenen See-
wegen Europas. Die Wasserstraße zwischen dem Darss und
der dänischen Insel Falster wird jährlich von 65 000 Schiffen
passiert, täglich fahren etwa 180 Tanker, Frachter und Passagierschiffe durch oder über die als schwierig und gefährlich
geltende Wasserstraße. Sie ist nur 25 Kilometer lang, an ihrer
schmalsten Stelle 500 bis 1000 Meter breit und lediglich 18 bis
20 Meter tief. Außerhalb der Rinne gibt es Untiefen, daher ist
die Gefahr groß, dass Schiffe mit großem Tiefgang auf Grund
laufen, wenn sie die vorgegebene Route verlassen. Aufgrund
der Strömungen in der Ostsee verlandet der Fahrweg, weshalb er jährlich vom Bundesamt für Seeschifffahrt und Hydrographie vermessen werden muss.

Bei einer solchen Vermessung wurde außerhalb der Rinne
ein Wrack festgestellt, was im Zusammenhang mit einem auf
Grund gelaufenen Frachter plötzlich auch den Bundestag
beschäftigte. Denn an Bord des zunächst für einen Kriegs-
schiffkutter gehaltenen Wracks würde sich naturgemäß auch
Munition befinden, was eine unzulässige Gefahr für die zivile
Schifffahrt darstelle, empörte man sich im Hohen Hause und
verlangte die Lösung des Problems. (Die Erregung war natürlich dem in der Politik üblichen Aktionismus geschuldet, denn
unzählige andere Wracks sind auch mit Munition gefüllt –

Das Wrack dieses Kriegsfischkutters (KFK) vermutete man in der Kadetrinne. Doch stattdessen entdeckte man einen Heringslogger – mit
Wasserbomben an Bord

doch die sind der großen Öffentlichkeit nicht bekannt, weshalb es auch keinen Druck gibt.)

Bei der Untersuchung des Wracks stellte sich heraus, dass
es sich nicht um den vermuteten Kriegsfischkutter handelte,
sondern um einen Heringslogger. KFK waren 24, Motorlogger 30 Meter lang. Und der Logger war auch nicht nach einer Kollision gesunken, wie angenommen, sondern nach einer
Explosion an Bord, wie ich mich selbst bei einem Tauchgang
überzeugen konnte. Ein Zusammenstoß mit einem anderen
Fahrzeug hinterlässt Spuren, meist Einbuchtungen oder Del-
len an der Außenwand. Hier war die Außenhaut von innen
nach außen aufgerissen, was immer ein Indiz für eine Explosion im Schiffsinneren ist. Und wie stets befanden sich auch
Wasserbomben an Bord. In den letzten Kriegsjahren wurde
buchstäblich jeder deutsche Heringsfänger damit bestückt, um
sowjetische U-Boote damit zu bekämpfen. In der Regel waren
vier solche Wasserbomben an Bord, man stellte drei fest, die
nun für Geschrei sorgten.

Zur Beruhigung hieß es, diese seien nicht bezündert, stellten also keine Gefahr dar. Dennoch müssten die Bomben

Mine, gefunden und gehoben in der Geltinger Bucht von der Bundesmarine, entschärft und abgestellt auf der Pier in Kiel. Alle Teile waren
noch funktionstüchtig, 2000

Wasserbomben an Bord eines Kriegsschiffes

selbstverständlich beseitigt werden. Die Kosten für eine solche Räumung belaufen sich auf einen sechsstelligen Betrag.

Der *NDR,* der Heimatsender im Norden, stellte den Antrag, die Bombenbergung auf See von Anfang bis Ende mit der Kamera zu begleiten, ohne zu wissen, welch beachtlicher Arbeits-, Material- und Logistikaufwand in der Vorbereitung einer solchen Sprengmittelbeseitigung steckte. Martin Möller, der den Film machen sollte, erinnerte sich:

»Wir wollten mit einer Reportage zeigen, warum Munitionsbergung gefährlich, aufwändig und teuer ist. Das erfuhren wir bei einem Sicherheitslehrgang, den das Fernsehteam zuvor absolvieren musste. Eyk-Uwe Pap von den Rostocker Baltic-Tauchern und Holger Brydda vom Wasser- und Schifffahrtsamt Stralsund boten uns ihre Unterstützung an.

Zunächst brauchten wir viel Geduld. Monatelang wurde die Bergung verschoben. Mal fehlte das Schiff, mal das Fachpersonal oder beides. Im Sommer 2013 war schließlich alles am Platze, die Wetterprognose ausgesprochen gut. Endlich konnte

Der Munitionsbergungsdienst Mellenthin tritt auf den Plan. Links Eckhard Zschiesche, früher Kampfschwimmer, 2013. An der Schleppleine die Wasserbomben in der Gitterbox

eine der aufwändigsten und gefährlichsten Räumaktion in der Ostsee beginnen. Die Öffentlichkeit durfte zunächst nichts erfahren. Das Wrack hatte 2010 in der *Süddeutschen Zeitung* und in der *BILD* für Schlagzeilen gesorgt: Bomben bedrohen Schifffahrt in der Ostsee, hatte es dramatisch geheißen. Behörden und Bergungsteam befürchteten deshalb, dass Schaulustige die Operation gefährden könnten, wenn zuvor die Nachricht von der Räumung an die Öffentlichkeit dringen würde. Allerdings muss jedem aufmerksamen Beobachter des Seeverkehrs bewusst sein, dass zwischen Gedser und dem Fischland eine nicht alltägliche Aktion stattfinden sollte. Eine Flotte aus vier Schiffen bremste den Verkehr auf der Kadetrinne und leitete diesen um. Das bekamen sehr viele mit.

Kapitän Ulf Krüger von der ›Arkona‹ leitet das Sicherungskommando. Bei ihm sind wir zunächst an Bord, beobachten die Arbeiten zur Verkehrssicherung, die Positionierung des Taucherschiffes. Auf der ›Windexpress‹ führen Eyk-Uwe Pap und Frank Diestel von den Baltic-Tauchern das Kommando.

Mit ihnen ist vereinbart, dass wir zu Beginn der Aktion filmen dürfen, danach aus Sicherheitsgründen aber wieder von Bord müssen.

Einen Schiffsnamen entdecken die Taucher nicht, wohl aber die drei Bomben. Vorsichtig werden sie von Muscheln und Schlick befreit und die erste per Kran an Deck geholt. Dann die unangenehme Überraschung: der Zünder steckt! Die vorliegende Information war also falsch. Pech für das Kamerateam. Wir müssen weiten Sicherheitsabstand halten.

Wie weiter zu verfahren ist, wird an Bord der ›Arkona‹ besprochen. Dort wird auch entschieden, dass wir am folgenden Tag an Bord der ›Windexpress‹ drehen dürfen, nachdem das Achterdeck freigegeben ist.

Zwei Wasserbomben sollen nun dicht unter Land gesprengt werden, weit weg von Schifffahrtslinien und Seekabeln, die dritte soll auf Usedom untersucht werden. Sogenannte Pinger

Zünder der Wasserbombe, die erst nach der Bergung festgestellt wurde. Es bestand die Gefahr, dass die Bombe detonierte, geriete sie vier Meter unter Wasser. Deshalb musste sie vorsichtig im Gitterbehälter im gehörigen Sicherheitsabstand hinter dem Schlauchboot hergezogen werden

Vor dem Darß werden zwei Wasserbomben gesprengt

werden organisiert, um Schweinswale zu vertreiben, auch das können wir vom Schlauchboot aus drehen. Besonders dankbar sind wir dafür, dass wir die Aufzeichnungen der Helmkameras der Taucher verwenden dürfen. Näher dran geht es nicht.

Schließlich liegen die beiden Bomben in einem Korb und werden vorsichtig in Richtung Küste geschleppt. Wir verfolgen alles mit der Kamera von Bord der ›Arkona‹ aus. Wegen der erwarteten Druckwelle bei der Sprengung müssen alle Schiffe eine Seemeile Abstand halten. Der Countdown läuft.

Nichts passiert. Auch der zweite Versuch geht schief. Enttäuschung bei allen Beteiligten.

Wir fahren mit dem Notschlepper ›Baltic‹ zurück nach Warnemünde. Am nächsten Tag geht es mit der ›Arkona‹ wieder zurück in das Seegebiet vor Ahrenshoop. Ein Fotograf der *Ostseezeitung* ist ebenfalls an Bord. Die Bergungsaktion kann nun nicht länger geheimgehalten werden, auch weil ›Warnemünde Traffic‹ eine offizielle Warnung an die Schifffahrt aus-

Sprengung von Munition vor der Insel Usedom durch Kampfschwimmer
der Volksmarine

gegeben hat. Spezialisten vom Munitionsbergungsdienst sind
ebenfalls an Bord.

Noch während der Fahrt werden Unterwasserbilder analy-
siert. Es ist kein handwerklicher Fehler erkennbar. Vermutlich
war die Zündleitung defekt. Neue Sprengladungen werden
angebracht und frisch verkabelt. Wir installieren eine kleine
automatische Kamera auf dem Schlauchboot, in dem das
Team sitzt, das die Zündmaschine bedient, also die Sprengung
startet.

Gegen Mittag erfolgt der dritte Countdown. Diesmal erschüttert ein gewaltiger Schlag die Bordwand der ›Arkona‹,
eine 30 Meter hohe Wasserfontäne schießt in den Himmel.

Aktion Bombensprengung ist geglückt aber die Bergung
noch nicht ganz beendet.

Die dritte Bombe wird über den See- und Landweg zum
Munitionszerlegebetrieb Mellenthin auf Usedom gebracht.
Wenige Wochen später können wir in der Sprenggrube unsere
automatischen Kameras installieren. Sie sind gut durch zenti-

meterdickes Plexiglas geschützt. Vorsichtig graben die Kampf-
mittelräumer das Fundstück fünf Meter tief ein und zünden
die Bombe fern.

Eine 40 Meter hohe Erdfontäne schießt in den Himmel.

Die Operation Bombenbergung in der Kadetrinne ist damit
offiziell beendet. Geplant waren zwei Tage mit einem Tag Puf-
fer. Am Ende waren wir fünf Tage auf See und einen Tag auf
dem Sprengplatz.

Die Dokumentation wird wiederholt im deutschen Fernsehen ausgestrahlt. Mittlerweile gibt es auch eine englische
und spanische Version, die von der *Deutschen Welle* in Nord-
und Südamerika gesendet wurde.«

Soweit der Bericht von Martin Müller, der für den *NDR*
über die Bergung berichtete.

Das Wrack mit der Nr. 4548 auf der Position 54° 27,00 N,
12° 11,00 E bleibt dennoch bis heute rätselhaft, weil nicht mit
hundertprozentiger Sicherheit bewiesen ist, um welches Schiff
es sich handelt. Aufgrund der Länge von 30 Metern ist es zweifellos ein Motorlogger, kein Kriegsfischkutter. Am 31. November 1931 wurde in Emden das Schiffs-Zertifikat für einen
»Schraubendampfer aus Stahl mit 2 Masten und 1 festes Deck,
als Logger getakelt«, Länge 30,27 Meter, Breite 7,03 Meter,
ausgestellt. Der Name des 1922 in Hamburg gebauten Schiffes
lautete »Fortuna«, es fing fortan Fische. Bis es im Juli 1941 von
der Kriegsmarine angemietet wurde. Die Tagesmiete, die auf
ein Konto der Emdener Heringsfanggesellschaft ging, betrug
40 Reichsmark. (Ähnliche verfuhr man bei den hier im Buch
erwähnten Fischereifahrzeugen »Venus« und »Dr. Eichelbaum«.) Der Motorlogger »Fortuna« mit der Kennung AE 7
(für Aurich-Emden) fuhr nach meiner Überzeugung zeitweise
bei der Kriegsmarine als Vorpostensicherungsboot VS-156, ehe
es wieder zum zivilen Fischfang abkommandiert wurde und
am 13. April 1944 in der Kadettrinne sank, nachdem es einen
Bombentreffer erhalten hatte. Für mich ist das Wrack identifiziert, für andere eben nicht.

Die »Zephyr« aus den Niederlanden,
das gecharterte Expeditionsschiff

Vorpostensicherungsboot
VS-54, gesunken 1944

Weit vor der Kadetrinne und nahe der Insel Fehmarn liegt auf Position 54° 34,00 N, 11° 13,00 E seit März 1944 das Wrack eines Fischloggers in 29 Metern Tiefe. Ich war vier Mal dort unten, das letzte Mal im Mai 2015. Stets tauchte ich im Auftrage des Landesamtes in Schwerin.

Das einstige Fischereifahrzeug trägt die Wracknummer 668, es hatte eine kurze, wenngleich bewegte Geschichte.

Der Logger war 1937 in Emden auf Kiel gelegt worden. Er war 44,5 Meter lang, 7,70 Meter breit, der Tiefgang betrug drei Meter. Er verdrängte 344 BTR und wurde von einem Diesel der Firma MAN getrieben. Getauft wurde der Logger auf den Namen »Burg«.

Am 14. Juni 1940, einem Freitag, übernahm die Kriegsmarine das Schiff und teilte es unter der Bezeichung »Burg - H1« der Vorpostensicherungsflottille zu. Dazu wurde es mit zwei 3,7-cm-Kanonen und einigen Maschinengewehren aufgerüstet und zum Minenräum- und Geleitdienst sowie der Bewachung von Hafen- und Netzsperren eingeteilt.

Zwei Jahre später, am 1. Juni 1942, wurde das Schiff als »Burg – DWO 02« zum Schutz der deutschen Küste in die westliche Ostsee abkommandiert. Im Jahr darauf, am 1. Oktober 1943, wurde es im Zuge der Neuordnung und Aufstellung der 1. Sicherungsflottille für die westliche Ostseeküste durch

Ein Fischlogger, umgebaut und aufgerüstet als Vorpostenboot der
Kriegsmarine

das Oberkommando der Marine in »VS-104« unbenannt.
Die erste Flottille wurde zum Jahreswechsel 1943/44 schon
wieder aufgelöst. Bei der Neuzuordnung der Boote wurden
Nummern von 51 bis 91 vergeben, das hatte zur Folge, dass ab
1. Januar 1944 am Bug das Schiffes »VS-54« stand.

Diese häufigen Umstrukturierungen und Umbenennungen
waren letztlich Ausdruck des Kriegsverlaufes. Seit dem Untergang der 6. Armee im Januar 1943 in Stalingrad, der finalen
Niederlage des Afrikakorps im Mai 1943 und den dramatischen Verlusten von U-Booten im Nordatlantik seit Mai 1943
griff Hektik um sich. Durch strukturelle Maßnahmen und
Umgruppierungen versuchte die Marineführung, Verluste zu
kompensieren und die drohende Niederlage abzuwenden.

Am 15. März 1944, einem Mittwoch, lief das Vorpostensicherungsboot »VS-54« im Fehmarnbelt auf eine Seemine
und sank. Die Fahrenszeit des Loggers betrug also lediglich
sechs Jahre.

Das Wrack liegt in unmittelbarer Nähe der Fahrwassertonne
KO 7-T64 im Fehmarnbelt. Die Strömung beträgt dort unten
drei bis vier Knoten

Die »Burg« ist mit ihren fast 50 Metern Länge ein präch-
tiges Wrack. Sie liegt in 29 Metern Tiefe und ragt fast zehn

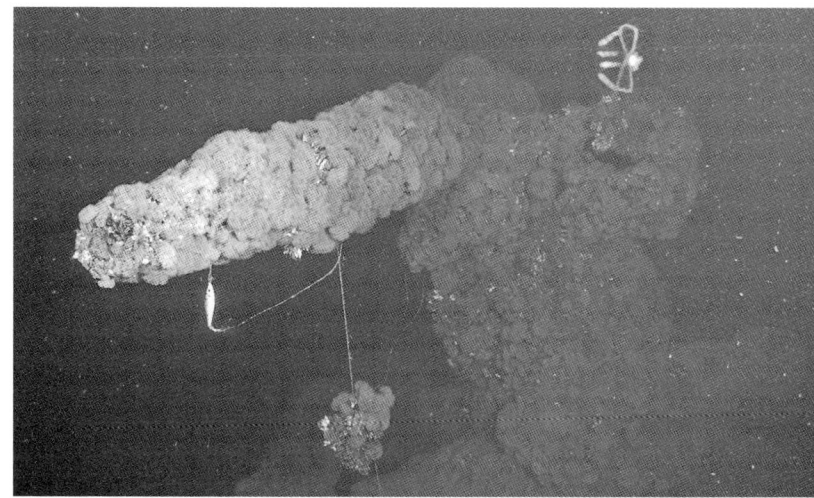

Am Wrack der »Burg«, die als Vorpostensicherungsboot VS-54 im März 1944 im Fehmarnbelt auf eine Mine lief und sank. Das 3,7 cm-Geschütz ist völlig mit Seenelken bewachsen und mit Angelschnüren behängt, die für die Taucher sehr gefährlich werden können

Decksaufbauen des »VS-54«: mit Seenelken überwuchert

Vorpostensicherungsboot »Burg«, später »VS-54«

Meter vom Grund auf. Es bestehen mehrere Möglichkeiten, das Schiffsinnere zu erkunden. Entweder schwimmt man über die Brücke ins Innere ein oder über einen der Niedergänge. Obwohl das Schiff mit etwa 45° Schlagseite auf der Backbord-Seite liegt, fällt es nicht schwer, sich auch im Inneren zu orientieren.

Das Wrack ist mit einem nahezu geschlossenen See-nelkenteppich besetzt. Es bereitet Mühe, Details zu erkennen, was nicht zuletzt auch an den vielen Netzen und Angelschnü-ren liegt, die sich verhakt haben.

Über das hintere Schott, im Aufbau achtern, kann man ebenfalls das Wrack erkunden. Von Steuerbord kommend, trifft man im Gang auf zwei Türen auf der Steuerbordseite. Die erste Tür führt zum Maschinenraum. Dort kann man ein-schwimmen und bis zur Brücke durchtauchen. Hinter der an-deren Tür ist eine Toilette.

Auf der Backbordseite befinden sich eine Kammer mit ei-nem Waschbecken und hinter einer zweiten Tür ein Nieder-gang, der nach unten führt. Der Niedergang ist bis zur Hälfte mit Schlamm gefüllt, weshalb es nicht weitergeht. Die dritte Tür führt zur Messe. Auch dort ist alles verschlammt. Es gibt aber denoch viele Dinge zu sehen, darunter reichlich Porzel-lan. Das Geschirr sollte man aber nur anschauen, keineswegs anfassen oder gar mitnehmen! Spätere Taucher sollen es ebenfalls betrachten können.

Auf den Aufbauten befindet sich ein Geschütz, das zweite steht auf der Back. Es ist jedoch abgebrochen, ein Stück liegt an Backbord. Die Plattform, auf der die Kanone montiert war, lässt sich noch gut erkennen. Weiterhin befinden auf der Back noch einige Türen, sie sie sind von Schlamm bedeckt und verhindern das Eindringen.

Die Innenräume sind mit schwarzem Schlamm gefüllt, man muss aufpassen, dass mit den Flossen nicht zuviel Partikel aufgewirbelt werden, was sofort die Sicht eintrübt. Auch sonst sollte äußerste Vorsicht walten, denn die Einsturzgefahr des Wracks ist groß.

Deshalb sind Tauchgänge an der »Burg« bzw. »VS-54« nicht ungefährlich. Hinzu kommen die geringe Sicht, die über dem Grund relativ schlecht ist, und laute Schraubengeräusche der vorbeifahrenden Schiffe im Fehmarnbelt. Das führt während des Tauchgangs zu einem zusätzlichen psychischen und auch physischen Druck. Es fühlt sich an wie eine permanente Herzdruckmassage.

Aus dem Wasser geht es über eine Leiter,
hinein wird von Bord gesprungen

Die Dänen wehrten sich:
»Dr. Eichelbaum« 1940 gerammt
und versenkt

Das Kürzel »dergl.« bedeutet »dergleichen«. In der Marine subsummierte man darunter die Hilfsschiffe: Frischwassertransporter, Marineschlepper, Tanker, Hafenschutzboote und andere kleine Wasserfahrzeuge, die unerlässlich waren, aber in den Berichten und Kriegstagebüchern kaum eine Rolle spielten. Sie wurden dort nur als »dergl.« geführt. Diese Praxis begann während des Ersten Weltkrieges in der Kaiserlichen Marine.

Wer auf einem »Dergl.« zur See fuhr, genoss in den Augen elitär erzogener, arroganter Seeoffiziere kein sonderlich hohes Ansehen. Das sollte sich im Verlaufe des Krieges jedoch ändern. Ohne diese rückwärtigen Dienste waren die Großschiffe und U-Boote erledigt. Was auch die Marineleitung begriff, sich allerdings eingestehen musste, dies bei der Seekriegsplanung nicht ausreichend berücksichtigt zu haben. Nun begann man, Fischdampfer zu akquirieren und in Vorpostenboote und Minenschiffe umzubauen. Im August 1915 begann man solche Schiffe auch mit Torpedorohren, Geschützen sowie U-Bootdrachen und Wasserbomben zur U-Bootbekämpfung nachzurüsten. In der ersten Welle betraf das 45 Fischdampfer, später erfolgten 145 Neubauten, die mit Unterkünften für bis zu 27 Mann, Geschützunterbauten, Munitionskammern, Generatoren und leistungsstarken Scheinwerfer ausgestattet wurden.

Mehr als fünfzig dieser Boote sanken nach Minen- und Torpedotreffer oder im Granathagel feindlicher Zerstörer an beiden Seekriegsfronten oder gingen auf hoher See »verschollen«.

Wie sich aber zeigte: Der aufgerüstete Fischdampfer war zu einem Seekriegsmittel geworden.

So sah es auch das Oberkommando der Kriegsmarine im Dritten Reich. Im Zuge des Flottenaufbaus wurden im Rahmen der allgemeinen Mobilmachung zahlreiche Fischdampfer zu Hilfs-, Vorposten- und Minenräumbooten umgerüstet.

Einer von diesen Schiffen war der 1937 auf der Howaldts-Werft im Hamburg gebaute Logger »Dr. Eichelbaum« mit der amtlichen Fischereinummer HH 233. Er war 53,8 Meter lang und 8,30 Meter breit und hatte einen Tiefgang von 4,65 Metern. Die 467 BRT wurden von einer Dampfmaschine bewegt, mit Kohle befeuert erreichte das Schiff eine Geschwindigkeit von zwölf Knoten.

Von der Kriegsmarine wurde das Schiff am 22. September 1939 in die 11. Minensuchflottille mit der Aufgabe beordert, die Bewachung der Ostsee-Eingänge sicherzustellen. Es bekam die Kennung »M-1108«, wurde mit einer 8,8 cm-Kanone, mehreren Fliegerabwehrkanonen und mit Geräten zum Minenräumen ausgerüstet. Kommandant wurde am gleichen Tage Kapitänleutnant von Ramm, er sollte später von Oberleutnant zur See Karl Hören abgelöst werden.

Ab April 1940 übernahm »M-1108« Geleitdienste für Nachschubstaffeln nach Norwegen, am 2. April hatte bekanntlich die deutsche Invasion in Skandinavien begonnen.

Am 13. April 1940, 22.16 Uhr, kollidierte »M-1108« östlich von Langeland in Höhe der heutigen Ortschaft Steonse mit dem aus Stahl gebauten dänischen Dampfschiff »Scandia«. Das Schiff war mit 1709 BRT fast vier Mal so groß.

Ein Besatzungsmitglied starb bei der Kollision.

Ingo Oppelt am Wrack des Fischereischiffs »Dr. Eichelbaum«, das als umgerüstetes Kriegsschiff von einem dänischen Dampfer 1940, kurz nach der Invasion der Wehrmacht in Dänemark und Norwegen, gerammt und versenkt wurde

Taucher am Wrack

Die »Scandia« war auf dem Wege von Aalborg nach Rotterdam in den Niederlanden. Im Archiv fand ich den Bericht des dänischen Seeamtes vom 18. April 1940. Darin hieß es:

Am 13. April 1940 gegen 22.00 Uhr passierte das SS »Scandia« *(SS gleich Steamship, d. h. Dampfschiff – R. Ö.)* bei guter Sicht den Leuchtturm Kap Hov auf der Nordspitze von Langeland mit einem Passierabstand von wenigen Seemeilen. Nach Angaben aus dem Logbuch wurde um 22.09 Uhr der Kurs auf Südwest und die Fahrtstufe auf »Langsam voraus« geändert, um näher unter Land zu kommen, denn man wollte die Nacht bis zum Tagesanbruch vor Anker verbringen.

Kurze Zeit später sah man in der mondlosen Nacht in unmittelbarer Nähe ein abgedunkelt fahrendes Schiff. Auch auf der »Dr. Eichelbaum« bzw. »M-1108«, die einen nördlichen Kurs in Vorpostenmission steuerte, war das andere Fahrzeug wahrgenommen worden, wohl aber zu spät, denn obgleich beide Schiffe um 22.14 Uhr Ausweichmanöver im letzten Augenblick einleiteten, kam es um 22.16 Uhr zur Kollision.

Dabei wurde die Steuerbord-Seite des deutschen Schiffes unterhalb der Wasserlinie derart beschädigt, dass es nur noch fünf bis zehn Minuten an der Wasseroberfläche zu halten war. Es wurden alle Rettungsmittel zu Wasser gelassen, auch auf SS »Scandia« fierte man das Backbord-Rettungsboot zu Wasser, welches auch 14 Überlebende an Bord nahm.

Nach einer halben Stunde sank das Schiff auf den Grund des Langelandbelts, die Tiefe betrug 27 Meter, die Position lautete 55° 05,00 N , 11° 02,00 E.

Die Darstellung des dänischen Seeamtes ist völlig neutral, sie beschreibt einen zufälligen Unglücksfall. Doch mit dem Wissen von heute würde ich nicht grundsätzlich dieser harmlosen Beschreibung folgen wollen. Es ist durchaus denkbar, dass dies eine aktive Widerstandshandlung gegen die Invasoren war.

Unsere Untersuchungen am Wrack ergaben, das einzelne Teile der Aufbauten bis zu einer Wassertiefe von 18 Meter aufragen und gut erhalten sind. Das technische Denkmal ist von Seeanemonen bewachsen und mit Sediment eingestaubt: Durch die Gezeitenverhältnisse herrscht hier oft eine heftige Strömung von etwa vier bis fünf Knoten.

Auf ebenem Kiel liegend, mit einer Krängung nach Steuerbord von schätzungsweise 20 Grad, ist der Schiffskörper mit seinen Aufbauten jeden Tauchgang wert. Man kann in das Ruderhaus und in andere Öffnungen in den Aufbauten tauchen und unter Deck schwimmen.

Allerdings muss man beachten: Das Wrack liegt an einem Hauptverkehrsweg zum Atlantik. Darum fahren oft große Schiffe sehr dicht am Tauchplatz vorbei, und an Bord befindet sich noch Munition. Also Vorsicht bei jedem Tauchgang!

Überwachsener Bug
des Wracks von Schnellboot S 226

Deutsche Schnellboote
vor der dänischen Küste

Während unserer Forschungsexpedition im Mai 2014 stellte sich die Frage, warum auffällig viele Schnellbootwracks vor der dänischen Küste liegen. Da wir bereits im Jahr zuvor die Wracks von »S 226« westlich von Rødbyhavn und von »S 103« vor Mommark betaucht hatten, blieb mir etwas Zeit, bis zur kommenden Expedition in den Archiven dieser Frage auf den Grund zu gehen. Unterstützung erhielt ich von Peter Klink, der sich mit diesem Thema sehr intensiv beschäftigt.

Während des Zweiten Weltkrieges setzte die deutsche Kriegsmarine Schnellbootflottillen auf dem europäischen und nordafrikanischen Kriegsschauplatz ein. Das Haupteinsatzgebiet der Schnellboote befand sich eine zeitlang im Ärmelkanal. Allerdings wurden auch Einsätze vom Nordkap im Nordmeer bis in die Mündung der Newa, vor den Toren Leningrads, von der Kaukasusküste im Schwarzen Meer bis Lands End an der Küste von Cornwall gefahren.

In unserem Forschungsgebiet in der westlichen Ostsee sind derzeit drei Fundplätze bekannt. Wir kennen die Lage der Wracks von »S 103« bei der Insel Alsen, von »S 226« vor der Insel Lolland und einen Sammelfundplatz mit vier versenkten Schnellbooten vom »Typ 100« in der Lunkebucht der Insel Tåsinge. Diese vier Boote waren jedoch nicht fertiggestellt worden und kamen folglich nicht mehr zum Einsatz.

Anfang Mai 1945, als der Krieg in Europa theoretisch beendet war, befanden sich sich die 1. und 5. Schnellbootflottille sowie die 2. Schnellboot-Schulflottille auf dem Rückzug aus der östlichen Ostsee. (Zwischenzeitlich war die 5. Flottille auf Bornholm stationiert gewesen.) An Bord befanden sich etwa 2000 Soldaten der sogenannten Kurlandarmee.

Am 6. Mai 1945 versenkte die Besatzung der nach einem schweren Fliegerangriff manövrierunfähigen »S 226« das Boot.

Am 11. Mai 1945, 11.00 Uhr – also drei Tage nach der Bedingungslosen Kapitulation des Nazireiches in Berlin-Karlshorst – fand in der Geltinger Bucht eine Flaggenparade der Kurlandflottille statt. Der FdS, Kommodore Rudolf Petersen, sprach als »Führer der Schnellboote« (FdS) vom Begleitschiff »Tsingtau« aus zu den auf ihren Booten angetretenen Besatzungen der 1. und 5. Schnellbootflottille sowie der 2. Schnellboot-Schulflottille. Mit dem Niederholen der Flagge beendete der Schnellbootverband seinen Kriegseinsatz.

In der Geltinger Bucht hatten bereits sechs Tage zuvor die Besatzungen von 47 U-Booten gemäß dem »Regenbogenbefehl« von Großadmiral Dönitz ihre Boote versenkt, damit diese nicht den Alliierten in die Hände fielen.

Petersen, auch das soll nicht unerwähnt bleiben, hatte am Tage zuvor drei Soldaten hinrichten lassen. Er war als Kommodore und Führer der Schnellboote auch Gerichtsherr und ließ wegen Fahnenflucht den 26-jährigen Matrosen Fritz Wehrmann aus Leipzig, den 20-jährigen Funker Alfred Gail aus Kassel und den 22-jährigen Obergefreiten Martin Schilling aus Ostfriesland zum Tode verurteilen und am 10. Mai 1945 auf dem Schnellbootbegleitschiff »Buéa« hinrichten. Petersen wurde 1953 vom Landgericht Hamburg vom Vorwurf des Totschlags und der Rechtsbeugung freigesprochen. Die Mutter des getöteten Funkers aus Kassel beging daraufhin Selbstmord, die des Matrosen aus Leipzig verbrachte aufgrund des psychischen Schocks ihre restlichen zwanzig Lebensjahre in einer Anstalt. Petersen, fast möchte man das Obwalten einer höheren Gerechtigkeit vermuten, verstarb am 2. Januar 1983, nachdem er einen schweren Schock erlitten hatte: Jugendliche hatten ihm in der Silvesternacht einen Böller ins Gesicht geworfen.

Anfang Mai 1945 vereinbarte der britische Feldmarschall Montgomery mit seinem Kommandozug in der Lüneburger Heide auf dem Timeloberg mit den deutschen Vertretern, dass alle deutschen Flotteneinheiten in den nördlichen Gewässern zwischen Sund und Großem und Kleinen Belt sofort jegliche Kampfhandlungen einstellen, in die nächsten Häfen einlaufen und an die Alliierten ausgeliefert bzw. kampflos übergeben werden sollten.

Allerdings realisierten nicht wenige Besatzungen die »Operation Regenbogen« (vulgo »Regenbogenbefehl«), die am 30. April 1945 von Dönitz angeordnet worden war. Alle Schiffe und U-Boote sollten versenkt werden. Dieser Befehl folgte der Hitler-Direktive, dass »kein Soldat der Wehrmacht oder einer anderen, unter deutschem Befehl stehenden Kampfeinheit, jemals vor dem Feind kapitulieren« dürfe. 216, andere Quellen sprechen von 232 U-Booten, sollen daraufhin gesprengt oder durch das Öffnen der Ventile versenkt worden sein. Eine Zahl der aufgrund dieses Befehls versenkten Schiffe ist nicht bekannt.

In den Flottenaufzeichnungen W 18/76 ist die letzte Fahrt von »S 103« dokumentiert. Das Schnellboot befand sich im südlichen Teil des Kleinen Belt vor Alsen, als es am 4. Mai von britischen Aufklärern des Banff Strike Wing Costal Command entdeckte wurde. Sie hatten den Befehl, alle deutschen Schiffe zu attackieren, die sie feststellten.

»S 103« wurde zufällig durch ein Wolkenloch entdeckt. Wing Commander Christopher Foxley-Norris erteilte sofort den Angriffsbefehl. Der später erstellte Versenkungsbericht der Royal Air Force dazu: »Mindestens zehn Raketentreffer über der Wasserlinie, viele Treffer von Bordkanonen, Boot explodierte, gestoppt liegend und stark brennend zurückgelassen.«

Mitte der 70er Jahre fanden dänische Taucher in 33 Metern Tiefe das auf keiner Karte vermerkte Wrack von »S 103« und machten darauf aufmerksam, dass sich an Bord noch sehr viel Munition befinde. In den dänischen Seekarten war es bis dahin nicht vermerkt worden, da es sehr tief lag und darum für die Schifffahrt keine unmittelbare Gefahr darstellte. Man entsandte ein Ortungsschiff der dänischen Marine, das die Angaben über die Existenz eines Wracks bestätigte. Ein Marinetaucher ging hinunter und und stellte fest, dass es sich um ein deutsches Schnellboot handelte, welches mit Torpedos bestückt sei. Der Munitionsräumdienst wurde beauftragt zu prüfen, ob man das Wrack mit der Munition sprengen könnte. Diese Option wurde jedoch verworfen, weil in der Nähe ein Unterwasserkabel verlief. Deshalb wurde zunächst für die Wrackposition und im Umkreis von einer halben Seemeile ein Anker- und ein Fischereiverbot erteilt. (Siehe die wöchtlichen vom Bundesamt für Seeschiffahrt und Hydrographie herausgegebenen Nachrichten für Seefahrer Nr. 9/77 vom 4. März 1977)

Jahre später wurde das Wrack erneut von Tauchern des Munitionsräumdienstes aufgesucht. Nunmehr entdeckten sie in dessen Nähe auch noch einige Wasserbomben.

Da Aufzeichnungen kaum existierten, machte man sich auf die Suche nach ehemaligen Besatzungsmitgliedern. In Neuss fand man den Obermaschinisten Hans Schott, der weitere neun Überlebende kannte, darunter den Funker Hans Gothe, den Maschinisten Ludwig Dumesnil und Oberleutnant z. S. Hans Wulf Heckel. Von diesem erfuhren wir die Geschichte jenes Tages. Heckel berichtete: Am 2. April 1945, es war ein Mittwoch, ein sonniger Tag, übernahm ich über das im dänischen Svendborg liegende Torpedoboot S 103 das Kommando. Zuvor war ich Chef einer Torpedobootflottille im Mittelmeer und im Schwarzen Meer. Mit Ausnahme einiger weniger kriegserfahrener Seeleute waren nur unerfahrenen Neulinge an Bord. Sie waren nicht ausgebildet, der Rollendienst an Bord konnte mit ihnen kaum durchgeführt werden. Ohne die Möglichkeit, ihnen eine Grundausbildung zu vermitteln, sollte ich mit dem Boot, das bei der 2. S-Boot-Schulflottille lag, nach Flensburg fahren, um festzustellen, ob dort bereits die Briten waren. Trotz meiner Bedenken, die ich an höhere Stelle vortrug, wurde mir der Auslaufbefehl erteilt.

Ich war mir sicher, dass wir auf dem Weg nach Flensburg entdeckt werden würden, der Luftraum wurde von den Alliierten kontrolliert. Aber Befehl war Befehl, und deshalb liefen wir schließlich am 4. Mai 1945 gegen 14 Uhr aus. Der Himmel war bedeckt, strichweise regnete es. An Bord befanden sich 32 Personen, von denen zwei nicht zur Besatzung gehörten und nur nach Flensburg gebracht werden sollten.

Ständig suchte ich mit meinem Marinefernglas den Himmel ab. Wir trafen alle Vorsichtsmaßnahmen, die getroffen werden konnten: doppelter Ausguck, alle Gefechtsstationen besetzt, die Waffen geladen, Kriegsmarschverschlusszustand. Etwa eine Stunde, nachdem wir Svendborg verlassen hatten, entdeckten uns die Jagdbomber. Beim ersten Angriff mit Raketen gab es einen Volltreffer hinter dem Brückenhaus. Durch den Bordwaffenbeschuss erhielten wir zudem viele kleine Treffer. Die vordere und die hintere Flak sowie ein Großteil der Besatzung fiel aus. Wenig später verloren wir auch noch die vier MG, so dass eine Verteidigung unmöglich war. Der Kampf war bereits verloren, bevor der erste Angriff vorüber war. Die Seitenmotoren waren ausgefallen und die Mittelmaschine lief auch nur noch auf einigen Zylindern. Wir waren nur noch sehr eingeschränkt manövrierfähig.

In der folgenden Minuten wurden wir von sechs Jagdbombern – zwei zweimotorige und vier viermotorige – angegriffen. Es war ein reines Scheibenschießen, das Boot sank.

Zwölf Besatzungsmitglieder sprangen von Bord und schwammen etwa 45 Minuten im kalten Wasser, bis uns ein kleines Fischerboot aufnahm. Dessen Besatzung hatte den Kampf von Land aus beobachtet. Die hilfsbereiten Dänen gaben uns warme Decken und beherbergten uns an Land. Von dort, von der Insel Alsen, beobachtete ich vor der deutschen

Wrackteil vom Schnellboot »S 103« mit der Kanone achtern

Küste ein U-Boot. Ich vermutete U 2521, das Boot von Oberleutnant Joachim Methner. Es wurde von fast 30 Jagdfliegern
angegriffen und sank.

Vom Kommandanten eines ankernden Minenräumers,
der uns aufnahm, erfuhr ich, dass ab 8.00 Uhr am nächsten
Tag Waffenstillstand herrschen würde. Mir fiel ein Stein vom
Herzen.

Technische Daten von S 103
- Bauwerft: Schlichting-Werft Travemünde, Bau-Nr. 1003
- Typ: Schnellboot Typ S 38 der Lürssen Werft
- Länge: 34,94 m
- Breite: 5,28 m
- Tiefgang: 1,67 m
- Leistung: 3 × 2000 PS Höchstleistung, 3 × 1500 PS Marsch-
  leistung

- Motoren: 3 x Daimler MB 501/20 Zylinder/Bohrung 185 mm/Hub 250 mm
- max. Schraubenumdrehungen: 1630 U/min
- max. Geschwindigkeit: Kurzhöchstfahrt 39 kn (etwa 72 km/h)
- Aktionradius: 700 sm bei 35 kn
- Kraftstoffvorrat: 13 500 Liter
- Propellerdurchmesser: 1,23 m
- Ruderart: Staudruckruder (Spezialruder der Lürssen Werft)

2013 untersuchen wir die Wrackfundstelle des »S 103« auf Position 54° 54,00 N, 10° 07,00 E. Wie fast überall in der Ostsee schimmert das Wasser leicht grün. Je tiefer es geht, desto mehr schwindet die Farbe, es wird dunkel. Bei 33 Metern herrscht Nacht. Je nach Wind und Strömung kann man auf den ersten Metern bis zu acht Meter weiter schauen, bisweilen ist nach einem Meter bereits Schluss. Zur Orientierung beim Abstieg dient eine Schottleine.

Das Wrack fanden wir in einem sehr gut erhaltenen Zustand vor, »S 103« lag mit dem Kiel auf lockerem Sedimentboden. Unweit des Bootes begann der Schlamm dick zu werden, in welchem eine Menge Munition steckte, die beim Angriff auf das Schiff nicht detoniert war. Im Unterschied zu vielen anderen Wracks war es von Schleppnetzen kaum beschädigt worden, vielleicht wurde hier nicht intensiv gefischt.

Die zwei großen Torpedorohre an Backbord und Steuerbord waren – vermutlich im Zuge der Munitionsräumung – mit dem explosivem Inhalt komplett aus dem Wrack entfernt worden. Auch das Zwei-Zentimeter/C38 Flakgeschütz mittschiffs hinter dem Steuerhaus fehlte. Dem Vernehmen nach war es von einem dänischem Tauchclub illegal entfernt worden, dann von den dänischen Behörden beschlagnahmt und nach Kopenhagen verbracht worden. Gerüchteweise hieß es, die Flak sei inzwischen in Sønderborg.

Die andere Kanone war noch da, sie zeigte achtern drohend nach oben, als warte das Wrack noch immer auf einen Feind.

Das 3,7 cm-Flakgeschütz stand auf einer Einzellafette, das Handrad zum Richten des Geschützes ließ sich sogar bewegen. Das Rohr war inzwischen zur Heimat von schönen Unterwassergewächsen geworden, die friedlich und stetig wuchsen.

Das vordere, schwere Maschinengewehr war von dänischen Tauchern geborgen worden und galt seither als verschwunden, der kreisförmige Brunnen auf dem Vorschiff, in dem es sich befunden hatte, war gut erkennbar. Etwas weiter achtern, kurz vor dem Brückenhaus, warteten drei Niedergänge. Sie führten in den Unteroffiziersraum, zur Feldwebelkammer und zum Navigationsraum. Das Eintauchen war allerdings unmöglich, da die Räume sehr stark versandet waren. Jeder verantwortungsvolle Taucher meidet ein solches Risiko.

Mit akrobatischen Verrenkungen gelangte man in das enge Ruderhaus, was aber nicht nötig war: Auch von außen ließ sich durch die Brückenhausfenster oder durch die seitlichen Schotten hineinblicken. Mit etwas Phantasie erkannte man unter der dicken Kruste von Seepocken und Miesmuscheln das Steuerrad, direkt daneben einen Teil des Maschinentelegraphen.

Gleich hinter dem Brückenhaus konnte man zu der Mittelmaschine sehen. Leider waren auch die Motorenräume schon sehr stark versandet. Die großen Abgasleitungen von 300 bis 400 mm Durchmesser waren zum Teil sehr gut erkennbar. Insgesamt hatte das Boot drei Maschinen mit je 20 Zylindern und einen Gesamthubraum von je 134,4 Litern. Dadurch konnte es eine beachtliche Fahrt laufen, sodass es den Namen »Schnellboot« zurecht verdiente.

Auf dem Achterdeck lagen zwei walzenförmige Behälter. Der eine war seitlich aus seiner Halterung herausgerissen, der zweite lag daneben. Nach Aussage des Kommandanten handelte es sich um Diesel-Zusatztanks für längere Fahrten …

»S 103« ist immer einen Besuch wert, aber ich warne ausdrücklich vor der dort noch immer lagernden Munition. Nicht grundlos wird auch von den Behörden gewarnt. Ankern und Fischen ist im Umkreis von mindestens einer halben Seemeile verboten.

Einen interessanten Fund machten wir in Mai 2014 auf Position 54° 40,00 N, 10° 42,00 E. Auf der Suche nach dem Vorpostenboot »Island« entdeckten wir zwei Seemeilen südwestlich vom Leuchtturm von Keldsnor ein kleines Fahrzeug von rund 30 Metern. Für die »Island« war das Wrack zu klein, außerdem lag es auch nur in elf Metern Tiefe.

Schon bei den ersten Untersuchungen stellten wir fest, dass es sich um ein älteres Torpedoschnellboot handelte, vermutlich ein deutsches vom Typ S 18. Aus dem uns vorliegenden Kriegstagebuch des Oberkommandos der Marine schlossen wir, dass es sich vermutlich um ein Boot der 3. Schnellbootschulflottille aus Swinemünde handeln konnte. Die Serie S 18 bis S 25 war 1937/38 in der Lürssen-Werft zum Stückpreis von 380 000 Reichsmark gebaut worden, das entspricht heute etwa 1,406 Millionen Euro. Ohne Motor. Die drei Daimler-Dieselmotoren mit je 2050 PS kosteten extra. Sie verliehen dem Schnellboot eine Maximalgeschwindigkeit von 39,5 Knoten, der Aktionsradius betrug 300 Seemeilen.

Die Mannschaftsstärke war 21 Seeleute.

Am 25. Dezember 1944 verlegten vier Boote – S 24, S 25, S 105 und S 118 – nach Kopenhagen, die anderen acht Boote der 3. Flottille – S 68, S 97, S 107, S 108, S 113, S 115, S 122 und S 123 – verblieben in Swinemünde. In der Stettiner Werft lagen ferner S 21, S 22, S 50, S 101, S 103, S 95, S 120 und S 82 zur Inspektion. Die Lehrdivision zog Anfang 1945 in das dänische Svendborg auf der Insel Fünen. Neben der Ausbildung wurden die Boote bis Kriegsende zur Sicherung im Kattegat eingesetzt und schließlich in der Geltinger Bucht versammelt.

Unsere Nachforschungen sollten unsere Vermutung bestätigen (oder widerlegen), dass es sich bei dem Fund um das Wrack von S 22 handelte. Also mussten wir nach Anhaltspunkten suchen.

Wir unternahmen vom 11. bis 17. Mai 2015 eine Expedition zur Wrackfundstelle.

Mit Muscheln und Algen überwachsenes Verschlussteil am Wrack des Schnellbootes S 22, das seit April 1945 in elf Metern Tiefe vor dem dänischen Keldsnor liegt

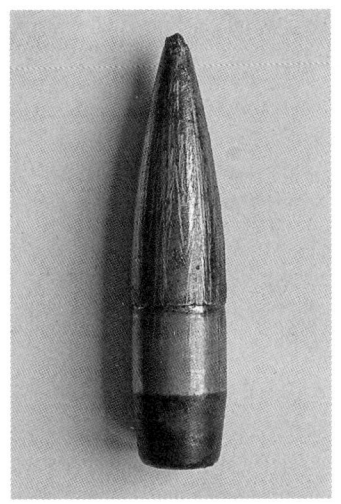

links: Spitzgeschoss mit Eisenkern, das Stahlplatten von zwölf Millimetern durchbohrte. Es wurde im Wrack des Schnellbootes S 22 gefunden.
rechts: Punzierung auf der beim Wrack des S 22 gefundenen Munition. Sie wurde in Berlin-Borsigwalde produziert – in den einstigen Rüstungswerken ist heute das Landesarchiv. Der eingeprägte Code lautet: asb = Deutsche Waffen- und Munitionsfabrik AG, Werk Berlin-Borsigwalde; IX = August-Thyssen-Hütte Hamborn; b = Hindrichs & Auffermann Wuppertal; 1 steht für die Legierung, 46 für die Lieferungsnummer und 40 für das Produktionsjahr

S 22 war im April 1945 »verschwunden«. Als erstes mussten wir ermitteln, weshalb es überhaupt gesunken war: Torpedotreffer, Fliegerangriff, Seemine oder Selbstversenkung?

Zunächst wurde der Fundplatz mit neuer Side-Scantechnik untersucht. Unsere Vermutung bestätigte sich beim Tauchgang: Das Boot musste auf eine Mine gelaufen sein, die Bugsektion war abgesprengt. Am Wrack selbst hatten die siebzig Jahre heftig gearbeitet, woran nicht zuletzt die Lage Schuld war. Elf Meter waren fast Flachwasser, Strömung und Wellengang hatten Spuren hinterlassen.

Dann begannen die Detailuntersuchungen, bei denen mit einer kräftigen Wurzelbürste gearbeitet wurde. Die freigelegte

Schlagzahlenmarkierung an der Pressluftflasche am Torpedo-
ausstoßrohr belegte, dass es sich zweifelsfrei um ein Schnellboot vom Typ 18 handelte. Die drei Ruder, Ankerwinsch, Bewaffnung, Reste der Decksaufbauten und Teile der Motoren
ließen uns schließlich mit 90-prozentiger Sicherheit sagen,
dass es sich hier um das Wrack von S 22 handelte.

Wir fanden auch MG-Munition. Die Punzierung, d.h. die
Einprägungen auf den Geschossen, verriet, dass es sich um

Völlig überwachsen: das Brückteil des Schnellbootes S 226

Wrack des Schnellbootes S 226 vor Lolland

Kaliber 9,72 Millimeter und um ein schweres Spitzgeschoss mit Eisenkern handelte, welches eine Stahlplatte von zwölf Millimetern durchschlagen konnte. Diese Geschosse wurden von der Deutschen Waffen- und Munitionsfabrik AG im Werk Berlin-Borsigwalde hergestellt. Ab 1940 war das System der Bodenstempelung verändert und die Herstellercodes punziert worden.

Für mich als Berliner war das insofern interessant, als das Gebäude der Munitionsfabrik am Eichborndamm noch steht, es wird heute vom Berliner Landesarchiv genutzt.

Die S 226 vor Kramnitz

Das Schnellboot S 226 unter Kommando von Hans Heinrich von Glasenapp, Leutnant zur See, wurde am Sonntag, dem 6. Mai 1945, südlich der dänischen Insel Lolland versenkt. Nach einem Fliegerangriff war das Schnellboot derart beschädigt worden, dass eine Weiterfahrt unmöglich war. Also versenkte es die Besatzung. Bei dem Angriff waren vier Seeleute gestorben und sechs verletzt worden. Der Kommandant und der Rest der Mannschaft schafften es mit den an Bord befindlichen Rettungsmitteln ohne weitere Verluste an Land.

Es existieren unterschiedliche Angaben über die Position des Schiffes, das mit 23 Mann unterwegs gewesen war.

Der damals 30-jährige von Glasenapp, ein Baltendeutscher aus Estland, war 1941 als Reserveoffiziersanwärter zur Kriegsmarine eingezogen worden. Zuvor war er einige Jahre bei der Handelsschifffahrt unterwegs, zuletzt fuhr er als 1. Offizier auf einer Fähre zwischen Tallinn und Stockholm.

Das Wrack der S 226, ein Schnellboot vom Typ 100, liegt auf hellem Sandgrund in 20 Metern Tiefe und ist auch für weniger erfahrene Taucher recht einfach zu betauchen. An Steuerbord, im Bereich der Torpedomündung, klafft ein Loch, wahrscheinlich Folge einer Detonation. Die Backbordseite ist unversehrt, die Torpedomündungsklappe verschlossen. Von

Flakbrunnen im Wrack des S 226

den ehemals zwei Flak-Geschützen ist nichts mehr vorhanden. Auf der Back, in Höhe der Abt. VIII, befindet sich noch der Brunnen für das schwere MG. Aus dem Maschinenraum wurden offenkundig die Maschinen geborgen, wobei man mit roher Gewalt vorging, der Rumpf in diesem Bereich ist zerstört. Überall vertreut liegen Munition und diverse Einzelteile. Vom Achterschiff, Abt I, backbord achteraus, liegt ein zum Tampen aufgedrehtes Netz, in 15 Metern Abstand zum Wrack stecken im Sand Teile der Backbordreling.

Und ganz nebenbei: Viele Krabben und Jungfische haben das Wrack als Wohnung bezogen.

Expedition zu vier Wracks in der Lunkebucht

Drei Quellen berichteten unabhängig voneinander, dass drei Torpedoschnellboote in der Nähe Langelands lägen. Im Juni 2001 brachen wir auf, der Sache auf den Grund zu gehen. Vier Tage hatten wir für unsere Expedition eingeplant, ohne dass wir wussten, was uns erwartete. Es gab mehr Spekulationen als dokumentierte Fakten, wobei alle Quellen in einem Punkt übereinstimmten: Es sollte sich um Boote handeln, die von den Besatzungen im Mai 1945 versenkt worden waren.

Die Lunkebucht auf der Insel Langeland lag geschützt und darum ideal, um Kriegsschiffe unbemerkt zu versenken und um die Besatzungen unversehrt an Land gelangen zu lassen. In Svendburg auf der benachbarten Insel Fünen befand sich die Ausbildungsstätte für Schnellbootbesatzungen und die 2. Schulflottille. Da lag es im Wortsinne nahe, die Boote in jener Bucht in sieben bis zehn Metern Tiefe unbemerkt zu versenken. In Archiven und alten Journalen, die den Krieg und dessen Ende in Dänemark behandelten, hatte ich allerdings keine diesbezüglichen Hinweise auf die Lunkebucht gefunden.

Der erste Tag der Tour fiel ins Wasser, eine Ausfahrt mit dem gecharterten »Bubblewatcher« war unmöglich. Der Sturm erreichte Stärke 7, die See war weiß von den brechenden

Wellenkämmen, Regenschauer prasselten auf Deck. Die deutschen und die dänischen Wetterberichte sagten jedoch für den nächsten Nachmittag abflauende Winde um 3 bis 4 voraus.

Doch am nächsten Morgen war der Himmel noch immer grau, Regenwolken jagten über unsere Köpfe. Am Abend jedoch war alles vergessen. Der Wind hatte sich gelegt, der Himmel schien wie geputzt. An den verbliebenen beiden Tagen lachte uns die Sonne, nur manchmal verschwand sie für kurze Zeit hinter einem Wölkchen.

Wir fuhren zur Position 55° 01,00 N, 10° 42,00 E, dort sollte ein Wrack in einer Tiefe von zehn Metern liegen. Wir kreisten um den angegebenen Ort und warfen das Grundgewicht, als ein kurzer Ausschlag auf dem Bildschirm zu sehen war. Obgleich bei der Kontrolle das Echo nicht wieder festzustellen war, entschieden wir uns für einen Tauchgang. Während wir uns vorbereiteten, fuhr Skipper Peter Klink sein Suchmuster unbeirrt weiter. Noch bevor wir unsere Tauchausrüstung vollständig angelegt hatten, empfing das Schiff ein anderes Echo, es war wesentlich stärker als das erste. Ein weiteres Grundgewicht ging über Bord, kurz Zeit später waren wir Taucher im Wasser. Tatsächlich, dort lag ein Torpedoschnellboot, vier Meter hoch ragte es aus dem Grund hervor, es stand auf ebenem Kiel. Die maximale Bodentiefe betrug 9,5 Meter, die Tiefe über der Brücke gab der Computer mit 5,5 Metern an.

Es handelte sich um ein Schnellboot vom Typ S 100 mit einer gepanzerten Kugelkalotte als Brückenaufbau. Das hölzerne Oberdeck war teilweise verrottet, die Reling hingegen gut erhalten. Die Niedergänge waren mit Schlamm gefüllt, das Wrack war frei von den üblichen Netzen und Angelschnüren.

Es wirkte wie ausgeschlachtet, was allerdings zu erwarten war. Geschütze, Masten oder dergleichen hatte man vor der Selbstversenkung demontiert. Die Glasfenster in der Brücke hingegen waren heil, sogar die Seeschlagblenden aus Stahl – dem legendären WOTAN 1 Hart, einem Vorgänger des KRUPP WIDIA Stahls – waren noch vorhanden. Die Sichtschlitze in den Blenden, die hochgeklappt wurden bei schwerer See oder im Gefecht, ließen sich noch immer ohne große Mühe bewegen. Mehrere Jahrzehnte im Salzwasser hatten ihnen nichts anhaben können.

Beide Torpedorohre waren noch vorhanden, an der Steuerbord-Seite lag die Mündung offen – die Klappe fehlte. An der Backbord-Seite hingegen war die Mündung fest verschlossen.

Flora und Fauna hatten das Wrack angenommen. Seenelken, Miesmuscheln und verschiedene Tangarten hatten es besiedelt, und wir beobachteten ferner Nacktschnecken, Lippfische, Seeskorpione, Strandkrabben, kleine Dorsche, Schlangennadeln, Seesterne, Schwämme, Schlammrosen, Anemonen und Wellhornschnecken, obgleich die Sicht leider sehr schlecht war. Es herrschte mäßige Strömung. Als störend erwiesen sich die Feuerquallen, die es in jenem Jahr überreichlich in der Ostsee gab.

Um das Wrack verstreut lagen einige Trümmer.

Abends tauchten wir an der zuerst geworfenen Markierungsboje. Dort fanden wir – nichts. Später gingen wir in einer Bucht am Svendbordsund vor Anker und ließen den Tag mit einem deftigen Abendessen ausklingen.

Am nächsten Morgen steuerten wir die nächste Position an und wurden schnell fündig. Auch dort lag ein Schnellboot von Typ S 100. Das Heck war im Schlamm versunken, aber der Bug und die Brücke ragten hoch auf. Die maximale Bodentiefe betrug zehn Meter, die Tiefe über der Brücke sechs. Auch dieses Wrack war frei von Netzen und Angelschnüren.

Am Bug hatte der Zahn der Zeit merklich genagt, die Mündungen beider Torpedorohre waren geschlossen. Diese befanden sich auf Höhe der Hinterkante der Brücke. Sie und das Innere des Wracks ließen sich mühelos betauchen, da das Holzdeck verrottet war. Wir gelangten durch die Löcher im Oberdeck leicht in den Vorschiffsbereich. In der Brücke befanden sich zahlreiche Heizkörper, die vermutlich nicht alle zur Ausstattung des Schiffes gehörten. Warum sie sich an Bord befanden, ließ sich bis heute nicht schlüssig erklären.

Nachmittags widmeten wir uns der nächsten Position. Unbekannte hatten es uns leicht gemacht und einen weißen Kanister am Wrack befestigt. Es befand sich in einem schlechteren Zustand als die vorherigen Boote, die wir S 1 und S 2 nannten, obgleich es aufrecht stand und die Rumpfstruktur erhalten geblieben war. Die Brücke war zerstört, das Holz verrottet. Die Bodentiefe betrugt acht Meter, die Tiefe über dem Wrack 4,5 Meter. An Steuerbord lagen viele Trümmer, darunter drei eckige Behälter, hundert mal hundert mal dreißig Zentimeter groß. Was sie enthielten oder welchem Zweck sie dienten, konnten wir nicht feststellen. Wir ließen sie so liegen wie sie waren.

Neben dem Wrack lagen auch die Torpedorohre.

In dieser Sache konsultierten wir alsbald Klaus Feldt. Der ehemalige Korvettenkapitän verstarb 2010; als wir mit ihm in Frankfurt am Main sprachen, war er bereits jenseits der 90 Feldt war 1941 Chef der 2. Schnellbootflottille gewor-

Schnellboote in Kiel

den, im Februar 1944 übertrug man ihm das Kommando über die Schnellboot-Lehrdivision in Swinemünde. Er versuchte vergeblich den Vollzug der von Kommodore Rudolf Petersen im Mai 1945 ausgesprochenen Todesurteile gegen drei Seeleute zu verhindern. Nach drei Monaten britischer Kriegsgefangenschaft ging Feldt in die Privatwirtschaft: Er baute eine ausgebombte Druckerei wieder auf und führte diese bis 1977. Das Angebot, die Bundesmarine mit aufzubauen, lehnte der ehemalige Ritterkreuzträger kategorisch ab.

Ende April 1945 hatte er vom Flottenkommando den Befehl erhalten, von Swinemünde wieder ins dänische Svendborg zu fahren, um die Boote in Sicherheit zu bringen. Dort traf er am 30. April ein.

Feldt berichtete, das unweit von Svendborg, in Christiansminde, eine kleine Werft Schnellboote für die deutsche Kriegsmarine gebaut habe. Die Werft sei 1939 von einem Deutschdänen namens Henry Rasmussen erworben worden. Dieser habe bis 1945 kollaboriert, weshalb der dänische Staat die Werft nach dem Krieg konfiszierte und sämtliche Maschinen und Gebäude veräußerte. Heute erinnert vor Ort fast nichts mehr an die Existenz dieser Werft.

Die in der Lunkebucht versenkten Schnellboote, so Feldt, waren die letzten Neubauten der Rasmussen-Werft. Sie waren Anfang Mai 1945 als Hulks, also ohne funktionsfähige Waffen, Maschinen und Antriebsanlagen, dorthin geschleppt und von deutschen Sprengkommandos auf den Grund des Meeres geschickt worden. Wie viele Boote es genau waren, konnte Klaus Feldt nicht sagen.

Bisher sind uns vier Boote bekannt, es sollen aber Gerüchten zufolge sieben dort versenkt worden sein. Die vier Wracks, die wir aufsuchten, sind gut zu betauchen. Aufgrund der geringen Wassertiefe und der mäßigen Strömung sind sie auch für Anfänger bestens geeignet, der Bewuchs ist an allen Wracks prächtig. Die Sicht beträgt lediglich zwei bis vier Meter. Alle Wracks, etwa 35 Meter lang, lassen sich bei einem Tauchgang von etwa 45 bis 60 Minuten ausreichend untersuchen.

Das Geheimnis der vier Schnellboote

Im Marine-Forum 7/8-2011 berichtete Vizeadmiral Hans Frank, von 1999 bis 2004 Präsident der Bundesakademie für Sicherheitspolitik, dass Taucher im Jahre 2010 in einer kleinen Bucht im Osten der kleinen Insel Tåsinge bei Svendborg die Wracks von vier Schnellbooten gefunden haben (»Das Geheimnis der vier Schnellboote«).

Aufgrund der Kalottenbrücke und der Abmessungen könne eindeutig festgestellt werden, dass es sich dabei um deutsche Schnellboote des Typs S 100 handele. Da die Wracks eng beieinander lägen, sei zu vermuten, dass sie absichtlich versenkt wurden, worauf auch die fehlenden Torpedos hinwiesen.

Allerdings, so der ehemalige stellvertretende Generalinspekteur der Bundeswehr, wurde weder in offiziellen Akten der Kriegsmarine noch in der einschlägigen Literatur über eine Selbstversenkung berichtet, die Boote fehlten überdies in den Nachweislisten, in denen die Verluste und die Übergaben bzw. Weitergaben an die Siegermächte dokumentiert sind. Er mutmaßte daher, dass es sich um die Boote mit den taktischen Nummer S 229 bis 232 handeln könnte, die auf der Schlichting-Werft in Travemünde gebaut worden sind. Laut einer ihm erteilten Auskunft von Marcus Schlichting war der Zustand dieser Boote wie folgt:

Bau-Nr. 1229 (S 229): Endmontage fehlte, sonst komplett vor Feind-Besetzung abgeliefert;

Bau-Nr. 1230 (S 230): Endmontage fehlte, sonst komplett vor Feind-Besetzung abgeliefert;

Bau-Nr. 1231 (S 231): Nach Stapellauf im unfertigen Zustand mit allem Zubehör vor Feind-Besetzung abgeliefert;

Bau-Nr. 1232 (S 232): Nach Stapellauf im unfertigen Zustand mit allem Zubehör vor Feind-Besetzung abgeliefert.

Hans Frank zitierte Schlichting sr., der sich erinnert haben wollte, dass die Boote in die Pötenitzer Wiek geschleppt worden seien. Ob sie anschließend dort von der Marine abgeholt wurden, entziehe sich aber seiner Kenntnis. Es sei aber denkbar, dass die Boote zur Schnellbootlehrdivision nach Svendborg verlegten und dort ohne offizielle Indienststellung versenkt wurden. Der letzte Kommandeur der Lehrdivision, Klaus Feldt, könne sich jedoch an keine Versenkung erinnern.

Da täuschte sich allerdings der Werftbesitzer: Wir hatten von Korvettenkapitän Klaus Feldt persönlich die Versenkung der Schiffe bestätigt bekommen.

Der 2015 verstorbene Militärhistoriker Dr. Gerhard Hümmelchen, Autor der beachtlichen Publikation »Die deutschen Schnellboote im Zweiten Weltkrieg«, berichtete darin, dass die sieben Boote S 307 bis S 314 zwar 1944 von Stapel gelaufen, aber nie in Dienst gestellt worden seien. Für die Boote S 315 bis S 321 seien nicht einmal Stapelläufe dokumentiert. Jedoch sei in einem Funkspruch, den die Engländer entschlüsselt hätten, die Selbstversenkung des Bootes S 316 am 15. April 1945 gemeldet worden.

Der Verbleib all dieser Boote sei nicht belegt

Ebenso der bei Schlichting gebauten Boote mit den Nummern S 219 bis S 228, die ebenfalls nie in Dienst gestellt worden waren.

Die in der Lunkebucht versenkten acht S-Boote befanden sich nachweislich am 5. Mai 1945 in der Henry Rasmussen Yacht- und Bootswerft in Gammle Hestehage zur Endausrüstung.

Dänische Quellen geben die Lürssen-Werft als Erbauer jener Boote an.

Damit scheint zumindest sicher, dass die versenkten Boote definitiv aus der Reihe der nicht mehr in Dienst gestellten Boote mit den Nummern 307 bis 321 stammten. In dänischen Taucherberichten wurde festgestellt, dass alle Motoren in den Wracks fehlten. Das ist ein weiterer Beleg dafür, dass es sich nicht um die Schlichting-Bauten S 219 bis S 228 handeln kann.

Dänische Taucher bargen vier bis fünf Propeller, die sich heute in privatem Besitz befinden.

Weitere 21 Propeller wurden heraufgeholt und sind im Besitz des Langeland Museums. Einige befanden sich im Maschinenraum des einen Wracks, die Mehrzahl in Holzkisten auf dem Meeresboden. Von einem der Wracks wurde die Kalottenbrücke geborgen und nach England verbracht, wo sie bei der Restaurierung von S 130 benutzt wurde.

Die Todesurteile in der Geltinger Bucht

Wie erwähnt, wurden auf Befehl des »Führers der Schnellboote«, Kommodore Rudolf Petersen, am 10. Mai 1945 drei Soldaten als Deserteure hingerichtet. Es handelte sich um Fritz Wehrmann, 26 Jahre alt, Matrose aus Leipzig, Martin Schilling, 22 Jahre alt, Obergefreiter aus Ostfriesland, und Alfred Gail, 20 Jahre alt, Marinefunker aus Kassel.

Gail schrieb in seinem letzten Brief an die Eltern: »Als am 5. Mai herauskam, dass Waffenruhe für uns ist, hielt uns unser Kommandeur eine Ansprache und sagte, dass wir sicher dem Tommy übergeben würden. Dieser Gefangenschaft wollten wir ausweichen und flüchteten, um uns irgendwie nach Deutschland durchzuschlagen.«

Diesen Plan hatten die drei gemeinsam mit Kurt Schwalenberg in Svendborg bei einem Kameradschaftsabend gefasst. Noch vor Sonnenaufgang wollten sie sich von der Truppe absetzen und mit einem Boot auf das Festland übersetzen. Nahe der Anlegestelle wurde die Gruppe von einer Patrouille bewaffneter Dänen gestellt und zurück nach Svendborg gebracht, wo sie zunächst im Keller der Truppenunterkunft unter Arrest gestellt und nach Verlegung des Bataillons in die Geltinger Bucht an Bord des Tenders »Buéa« eingesperrt wurden.

Bereits einige Tage zuvor verweigerte die Besatzung des Minensuchbootes M 612 den Einsatzbefehl, was Petersen ebenfalls mit eiserner Härte verfolgte. Elf Besatzungsmitglieder wurden zum Tode verurteilt und noch am selben Tag, am 5. Mai 1945, an Bord auf Reede vor Sønderborg erschossen

Das improvisierte Kriegsgericht trat neuerlich am 9. Mai 1945 zusammen. Den vier Angeklagten wurde keinerlei juristi-

Der »Führer der Schnellboote«, Kommodore Rudolf Petersen (hier 1941
als Korvettenkapitän). Er ließ am 10. Mai 1945 – zwei Tage nach der
bedingungslosen Kapitulation – drei Soldaten hinrichten, weil sie nach
Hause wollten. Der Mord in der Geltinger Bucht lieferte die Vorlage für
»Rottenknechte«, eine Serie in der Tageszeitung *Junge Welt* und für
einen 1971 von Adlershof produzierten Fernseh-Fünfteiler. Dieser wurde
später von der Bundeswehr als Lehr- und Ausbildungsfilm genutzt

scher Beistand eingeräumt. Die Anklagevertretung drängte auf ein Todesurteil für alle Angeklagten. Kurt Schwalenberg zeigte »Reue« und sich als Verführter, so kam er mit drei Jahren Haft davon. Gail, Wehrmann und Schilling wurden ohne Begründung und Chance auf ein Gnadengesuch zum Tode durch Erschießen verurteilt. Am 10. Mai wurden das Urteil an Deck der »Buéa« mit einer Salve vollstreckt und die drei Männer mit einem »Gnadenschuss« gerichtet. Ihre Leichen wurden mit Gewichten beschwert und in der Ostsee versenkt.

Das juristische Nachspiel dieser beiden Verbrechen zog sich über Jahre. Das erste Verfahren in dieser Sache endete am 4. Juni 1948 mit einen Rechtsspruch des Hamburger Schwurgerichts, in welchem die Rechtsgültigkeit der Todesurteile festgestellt wurde. Diesen Spruch hob der zuständige Oberste Gerichtshof der Britischen Zone am 7. Dezember 1948 auf und verwies zur erneuten Verhandlung an das Hamburger Schwurgericht zurück. Die Revisionsverhandlung, in der nunmehr fünf Personen wegen Verbrechen gegen die Menschlichkeit angeklagt wurden, fand seinen Abschluss am 4. August 1949. Die Angeklagten wurden zu verschieden langen Haftstrafen verurteilt. Dagegen legten die Verteidiger Revision ein. Am 29. Mai 1952 kam es zu einer Verhandlung vor dem 2. Strafsenat des Bundesgerichtshofes. Dieser gelangte zu der Auffassung, welche auch schon das Hamburger Landgericht in der ersten Verhandlung 1948 erklärt hatte: Die Todesurteile in der Geltinger Bucht seien formgerecht zustande gekommen. Somit wurden die Urteile aus dem Jahr 1949 aufgehoben und der Fall wiederum zur Neuverhandlung nach Hamburg zurückverwiesen.

Das dritte Verfahren endete am 27. Februar 1953 in Hamburg mit dem rechtswirksamen Freispruch der Angeklagten vom Vorwurf des Totschlags.

Das nachfolgend veröffentlichte Protokoll der Verhandlung offenbart exemplarisch Haltungen und den damals herrschenden Zeitgeist, von dem weder der Angeklagte Petersen noch das Gericht frei waren.

Richter: Die Verhandlung im Fall Bundesrepublik Deutschland gegen Rudolf Petersen ist eröffnet. Bitte setzen Sie sich. Die Anklageschrift bitte!

Staatsanwältin: Der Angeklagte Rudolf Petersen wird wegen Verbrechen gegen die Menschlichkeit angeklagt. Dem ehemaligen Führer der Schnellboote, Kapitän zur See Rudolf Petersen wird zur Last gelegt, die Todesurteile der Matrosen Alfred Gail, Martin Schilling und Fritz Wehrmann bestätigt und den Auftrag zur Vollstreckung erteilt zu haben. Der genaue Sachverhalt ist uns allen bekannt.

Richter: Angeklagter Kommodore Petersen, Sie haben nun die Anklage, vertreten durch die Staatsanwältin Maria Giesder, gehört. Möchten Sie sich zu den Anschuldigungen äußern?

Petersen: Ja, ich möchte mich dazu äußern.

Richter: Dann bitte.

Petersen: Ja, es ist richtig, dass ich die mir vorgelegten Urteile bestätigt habe, da diese in meinen Augen absolut rechtsgültig waren, und ich mich nicht anders entscheiden konnte, weil am 10. Mai noch nationalsozialistisches Recht galt.

Staatsanwältin: Ihnen war aber doch sicherlich bekannt, dass bereits am 5. Mai die Teilkapitulation der Wehrmacht im Europäischen Nordraum erfolgt war. Oder sollte diese Nachricht selbst nach fünf Tagen nicht zu Ihnen durchgedrungen sein?

Petersen: Sehr geehrte Frau Staatsanwältin, selbstverständlich ist mir die Nachricht der Teilkapitulation zu Ohren gekommen. Jedoch wurde diese lediglich als Waffenruhe aufgefasst, und somit blieb das Dienstverhältnis in der Wehrmacht bestehen. Außerdem bekam ich an dem besagten 5. Mai einen Brief von Feldmarschall Keitel mit dem Befehl, Gehorsam und Disziplin mit eiserner Strenge aufrechtzuerhalten. Des Weiteren wollten wir einen erneuten Matrosenaufstand wie am 29. Oktober 1918 verhindern. Einige Ereignisse innerhalb der Mannschaft ließen darauf schließen, dass es schwierig zu sein schien, die Disziplin aufrechtzuerhalten und Zersetzungserscheinungen entgegenzuwirken.

Staatsanwältin: Gehorsam und Disziplin mit eiserner Strenge zu erhalten – schön und gut. Aber es ist nicht einzusehen, dass das Verhalten der Matrosen mit dem Tod durch Erschießen hätte geahndet werden müssen. Ich bin der Überzeugung, dass eine Strafe auch anders hätte aussehen können. Haftstrafe in angemessener Form. Schwalenberg bekam drei Jahre Zuchthaus.

Petersen: Zuerst einmal will ich Ihnen sagen, dass die Matrosen wussten, dass auf Fahnenflucht nach § 69 Militärstrafgesetzbuch die Todesstrafe stand. Außerdem musste ich ein Exempel statuieren, um Auflösungserscheinungen aufgrund der von ihnen schon erwähnten Teilkapitulation entgegenzuwirken. Es war zu diesem Zeitpunkt nicht klar, zu was die Marine in Zukunft eingesetzt werden sollte.

Staatsanwältin: Haben Sie keine moralischen Bedenken bei diesem Urteil gehabt?

Petersen: Nein. Es gab gesetzlich keine andere Möglichkeit. Außerdem erachtete ein großer Teil der Offiziere und Matrosen mein Urteil als gerecht.

Staatsanwältin: Aber die Gesamtkapitulation vom 8. Mai hätte Sie doch dazu bewegen müssen, milder zu urteilen.

Petersen: Zur Tatzeit galt noch nationalsozialistisches Recht.

Richter: Frau Staatsanwältin, haben Sie noch weitere Fragen?

Staatsanwältin: Nein, keine Fragen mehr.

Richter: Wenn es keine weiteren Fragen gibt, dann halten Sie bitte Ihr Plädoyer.

Staatsanwältin: Da die Fahnenflucht sich nach Bekanntwerden der Teilkapitulation ereignete und die Verurteilung und Vollstreckung nach der Gesamtkapitulation stattgefunden hat, hätte der Angeklagte sich auf sein moralisches Gewissen berufen können und in diesem besonderen Fall eine mildere Strafe wählen können. Dann wäre es nicht zu dem tragischen Tod der drei Matrosen Alfred Gail, Fritz Wehrmann und Martin Schilling gekommen. Damit hat sich Rudolf

Petersen eindeutig dem Verbrechen gegen die Menschlichkeit schuldig gemacht.

Ich beantrage eine Freiheitsstrafe von 10 Jahren.

Richter: Kommen Sie bitte zu Ihrem Plädoyer.

Petersen: Ich habe in der U-Haft viel über mein Urteil von damals nachgedacht, es tut mir leid für die drei Matrosen. Jedoch konnte ich nicht anders, da ich mich nicht über das geltende Gesetz stellen konnte. Außerdem möchte ich eingestehen, dass ich weder menschlich noch juristisch dieser Situation gewachsen war. Daher beantrage ich mich freizusprechen.

Kurze Pause zur Beratung des Hohen Gerichts

Bitte erheben Sie sich von Ihren Plätzen!

Richter: Im Namen des Volkes ergeht folgendes Urteil: Der Angeklagte Rudolf Petersen wird wegen Verbrechen gegen die Menschlichkeit zu einer Freiheitsstrafe von zwei Jahren verurteilt.

Bitte setzen Sie sich!

Zur Urteilsbegründung: Das Gericht sah es als erwiesen an, dass das durch die Fahnenfluchtsbestimmungen des Militärgesetzbuches geschützte Rechtsgut zu Tatzeit endscheidend an Bedeutung verloren hatte.

Geschützt werden sollte nicht mehr die Kampfkraft der bewaffneten Macht, sondern nur noch die Aufrechterhaltung der äußeren Ordnung. Die irreparable Todesstrafe stand in einem unerträglichen Missverhältnis zu den Taten der Verurteilten. An den exekutierten Soldaten habe man lediglich das Weiterbestehen einer Ordnung demonstrieren wollen, deren innere Berechtigung nicht mehr gegeben war. Da aber der Angeklagte nicht gegen zum Tatzeitpunkt geltendes Recht verstoßen hat, sehen wir zwei Jahre als Tat und Schuld angemessen an.

Herr Petersen, als Angeklagter haben Sie nun das letzte Wort.

Petersen: Ich kann nur nochmal sagen, dass es mir um die Soldaten und ihre Angehörigen leid tut.

Richter: Hiermit ist die Verhandlung geschlossen.

Schnellboot in Fahrt, vorn die Torpedorohre

Die im Befehlsbereich von Petersen erfolgte »Meuterei« auf dem Minensuchboot M 612 und der Mord an den drei Soldaten Gail, Schilling und Wehrmann fanden auch einen künstlerisch-publizistischen Nachhall. Anders als in der Bundesrepublik, wo man sich vergleichsweise spät dem Thema Militärjustizverbrechen zuwandte – so attackierte der Dramatiker Rolf Hochhuth in den 70er Jahren den einstigen Marinerichter Hans Filbinger, der ebenfalls an Todesurteilen beteiligt gewesen und inzwischen Ministerpräsident von Baden-Württemberg war –, setzte man sich in der DDR von Anfang an mit dem belasteten Personal der Bundesrepublik auseinander. Dies wurde (und wird) als Propaganda und Ausfluss des Kalten Krieges denunziert. Im Kern jedoch war es eine konsequente Abrechnung mit der Nazidiktatur und deren fortgesetzter Verharmlosung in der Bundesrepublik. Filbingers Rechtfertigung »Was damals rechts war, kann heute nicht Unrecht sein« steht exemplarisch für diese höchst kritikwürdige Einstellung.

1966/67 erschien in der DDR-Tageszeitung *Junge Welt* eine Geschichtsserie mit dem Titel »Rottenknechte«. (Zwei Schnellboote in der deutschen Kriegsmarine bildeten eine »Rotte«, der Kommandant des ersten Bootes war der Rottenführer, der zweite der Rottenknecht.) In der 29-teiligen Serie wurde der Fall des Minensuchbootes M 612 dokumentarisch aufgearbeitet. Zweifellos setzte man sich auf diese Weise auch propagandistisch mit fragwürdigen Traditionen in der Bundesmarine und in der Justiz der Bundesrepublik auseinander. Die Geschichte in der Jungen Welt wurde als Thema allerdings auch vom *Stern* und vom *Spiegel* aufgegriffen. In der DDR erhielt der DEFA-Regisseur Frank Beyer den Auftrag, aus dem Stoff einen fünfteiligen Fernsehfilm zu machen. Beyer, seit seinem 1965 verbotenen Film *Spur der Steine* de facto arbeitslos, nahm das Angebot an. Sein Film lief Anfang 1971 im DDR-Fernsehen und stieß auf großes Interesse beim Publikum. Und obgleich in der Bundesrepublik geschmäht, führte es zu Untersuchungen im Bundesverteidigungsministerium, und die Bundeswehr verwandte »Rottenknechte« als Lehr- und Ausbildungsfilm.

In jenem Fünfteiler wurden die beiden Vorgänge in einer Weise behandelt, wie es heute gängige Praxis ist: Spielszenen werden mit Dokumentaraufnahmen, Interviews mit Beteiligten und Zeugen sowie Kommentaren verknüpft. Diese Montagetechnik aus Fiktivem und Authentischem machte historische Vorgänge überzeugend und emotional verständlich.

Das Minensuchboot M 612 war erst wenige Wochen vor Kriegsende von der Neptun-Werft Rostock ausgeliefert und am 11. April 1945 bei der 12. Minensuchflottille der Kriegsmarine in Dienst gestellt worden. Nachdem Lübeck am 2. Mai 1945 von britischen Truppen besetzt worden war, unterzeichnete am 4. Mai der Oberbefehlshaber der Kriegsmarine, Generaladmiral Hans-Georg von Friedeburg, die Kapitulation all jener Wehrmachteinheiten, die im Nordwesten dem britischen Feldmarschall Bernard Montgomery gegenüberstanden. Diese Teilkapitulation trat am 5. Mai um 8 Uhr in Kraft und umfasste alle bewaffneten Kräfte in Holland, Nordwestdeutschland, Schleswig-Holstein und Dänemark, einschließlich der Schiffe in diesem Gebiet. (Zu diesem Zeitpunkt war Dänemark noch nicht von alliierten Truppen besetzt.) Diese Teilkapitulation wurde am 5. Mai 1945 um 5 Uhr allen deutschen Truppen über Funk bekanntgegeben.

Entgegen den Bestimmungen der Teilkapitulation bekam M 612 die Order, nach Kurland zu laufen, um von dort deutsche Truppen und Zivilisten zu evakuieren. Nachdem das Schiff am 5. Mai um 8 Uhr in Fredericia ausgelaufen war, um sich einem Transport nach Kurland anzuschließen, erfuhr die Mannschaft das Ziel der Fahrt. Gegen 8.30 Uhr begann die Meuterei, welche von dem 21-jährigen Maschinenmaat Heinrich Glasmacher angeführt wurde. Glasmacher sperrte den Kommandanten von M 612, Oberleutnant Dietrich Kropp, mit vorgehaltener Pistole in eine Kammer, alle übrigen Offiziere wurden ebenfalls arretiert. Glasmacher übernahm die Schiffsführung und wendete. Auf der Fahrt nach Flensburg wurde ein entgegenkommendes Schnellboot auf M 612 aufmerksam, als es über Signalscheinwerfer den Kommandanten von M 612 anfragte, dieser aber nicht auf der Brücke erschien. Weitere Schnellboote wurden herbeigerufen. Schließlich wurde der Besatzung von M 612 durch das sichtbare Klarmachen der Torpedorohre gedroht und damit zum Aufgeben gezwungen. Ein Kommando mit Offizieren der Schnellboote setzte über. M 612 ging im Alsensund bei Sønderborg unter Geschützbewachung durch das Schnellboot-Begleitschiff »Hermann von Wißmann« vor Anker.

Noch am gleichen Tag trat auf Anordnung des Führers der Minenschiffe, Kapitän zur See Hugo Pahl, an Bord von M 612 ein Standgericht zusammen. Den Vorsitz hatte Marineoberstabsrichter Franz Berns. Als Ankläger fungierte Marinestabsrichter Adolf Holzwig. Der Verteidiger war ein Hauptgefreiter. Angeklagt waren 20 Besatzungsmitglieder.

Die Verhandlung begann nach 18 Uhr auf M 612 und dauerte weniger als eine Stunde. Die Untersuchung stützte sich

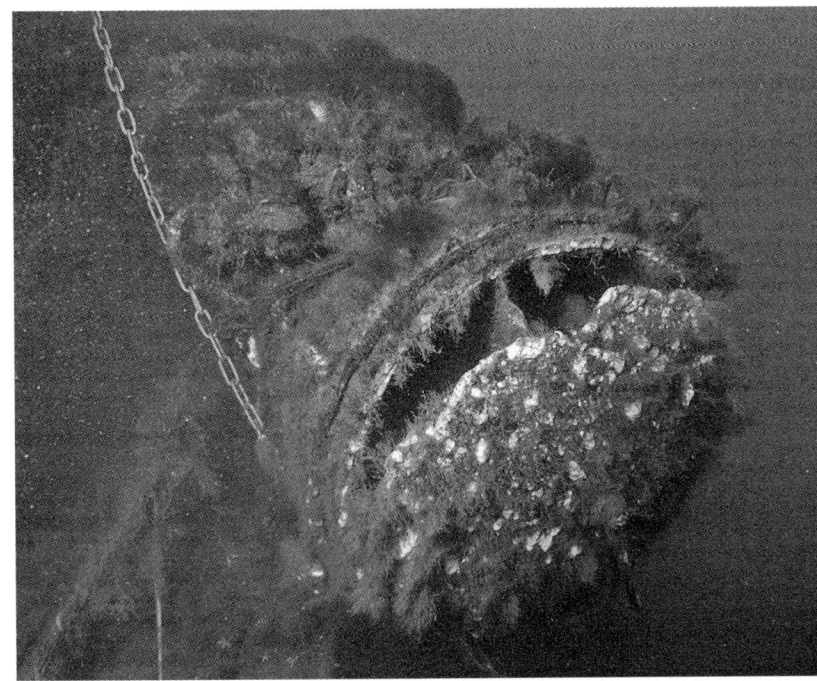

Torpedorohr von S 226, das am 6. Mai 1945 vor Lolland von der Besatzung versenkt wurde. Im Rohr steckt noch der Torpedo, der aber von dänischen Tauchern entschärft wurde

vor allem auf die Aussagen eines Wachoffiziers, Leutnant zur See Süß, der Angaben zur Beteiligung an der Meuterei machte. Elf Besatzungsmitglieder wurden zum Tode und vier Besatzungsmitglieder zu Zuchthausstrafen von drei Jahren verurteilt. Fünf Mann wurden freigesprochen. Als Gerichtsherr bestätigte Kapitän zur See Hugo Pahl die Urteile und machte von der Möglichkeit einer Begnadigung keinen Gebrauch.

Nachdem die Offiziere mit der Urteilsbestätigung an Bord eingetroffen waren, begann um 23.35 Uhr des 5. Mai 1945 die Erschießung der zum Tode Verurteilten auf der von Scheinwerfern beleuchteten Back von M 612. Die gesamte Besatzung von M 612 einschließlich der Verurteilten musste der Hinrichtung beiwohnen.

Taucher an einem Schiffswrack in der Geltinger Bucht

Die zum Tode Verurteilten standen jeweils zu zweit, un-
gefesselt und ohne Augenbinde vor dem Erschießungskommando. Ein Arzt zur Feststellung des Todes war nicht an
Bord. Nach den Erschießungen hatten die vier zu Zuchthaus
verurteilten Besatzungsmitglieder ihre toten Kameraden mit
Grundgewichten beschwert in der See zu versenken, bevor die
nächsten beiden Verurteilten vor das Erschießungskommando
treten mussten.

Die zum Tode Verurteilten waren:

- Wilhelm Bretzke, Matrose, geboren am 20. Oktober 1922
  in Dortmund;
- Heinrich Glasmacher, Maschinenmaat, geboren am
  21. Februar 1924 in Neuss;
- Reinhold Kolenda, Bootsmaat, geboren am 20. November
  1924 in Beuthen/Oberschlesien;
- Gustav Kölle, Matrosenobergefreiter, geboren 14. Juli 1923
  in Dreilingen;

176

- Helmut Nuckelt, Feuerwerkshauptgefreiter;
- Rolf Peters, Matrosenobergefreiter, geboren am 6. Februar 1924;
- Gerhard Prenzler, Matrosenobergefreiter;
- Gustav Ritz, Matrosenobergefreiter, geboren am 5. August 1922 in Milaszew;
- Anton Roth, Matrosenobergefreiter;
- Bruno Rust, Maschinenmaat, geboren am 1. März 1923 in Berlin;
- Heinz Wilkowski, Matrosenobergefreiter.

Nach der Vollstreckung der Todesurteile lief M 612 nach Sønderborg. Dort ging Leutnant Süß von Bord. Nachdem es anfänglich hieß, dass M 612 doch noch nach Kurland laufen sollte, fuhr das M-Boot nach Flensburg, wo die restliche Besatzung von Bord und in Gefangenschaft ging.

Im Laufe des Jahres 1945 wurden einige der Leichname am Strand angeschwemmt und zunächst anonym bestattet. Nachdem die Vorgänge im Oktober 1945 bekannt geworden waren, wurden die Militärjustizopfer umgebettet. Sie fanden auf dem Friedhof der Christianskirche von Sønderborg ihre letzte Ruhestätte.

Ein Ermittlungsverfahren gegen den Verantwortlichen des Standgerichtsverfahrens, Hugo Pahl, wurde 1949 eingestellt.

An einem Flugzeugwrack
eines US-Bombers B-25 Mitchell

Vorpostenboote und dergleichen

Vorpostenboote sind seit der Antike und vielleicht auch noch länger bekannt. In alten griechischen Schriften findet man Hinweise, dass Fischerboote ausgeschickt wurden, um das Herannahen einer feindlichen Flotte zu melden. Selbstverständlich hatten die Fischer selbst großes Interesse, eine Gefahr rechtzeitig zu erkennen und diese von ihrer Heimat abzuwenden. Während des napoleonischen Krieges gegen England waren Fischerboote im Küstenvorfeld im Einsatz – natürlich im angemessenen Abstand zur kämpfenden Flotte.

Auch im Ersten Weltkrieg bediente man sich aus der großen Zahl vorhandener Fischkutter und stellte sie in den kaiserlichen Dienst. Die Boote wurden erst mit kleinen Waffen bestückt, später kamen größere Kaliber hinzu. Minenschienen wurden nachgerüstet, damit Defensivsperren gelegt werden konnten, größere Fischkutter wurden mit Wasserbomben und anderen U-Jagdwaffen ausgerüstet, um bei der U-Bootabwehr mitzutun.

Im Zweiten Weltkrieg setzte die deutsche Kriegsmarine Fischkutter im großen Stil als Vorpostenboote, Minenleger, U-Bootjäger und Räumfahrzeuge ein. Im Laufe des Krieges wurden hunderte Fischdampfer eingezogen und für den Dienst in der Kriegsmarine umgerüstet. Das waren im Hochseefischfang erprobte seetüchtige Fahrzeuge mit meist etwa

Vorpostenboot auf der Ostsee

25 Mann Besatzung. Während des Krieges wurden sie auf deutschen und auf den von Deutschland kontrollierten Werften in Frankreich, den Niederlanden, Dänemark und Norwegen oft zu Vorpostenbooten mit rund 50 Mann Marinepersonal, meist Reservisten, ausgebaut.

Anfangs wurden die Vorpostenboote mit einer Zwei-Zentimeter-Flak auf der Brücke und einer 8,8-Zentimeter-Kanone auf dem Vorschiff ausgerüstet. Einzelne neue Vorpostenschiffe und Sicherungsfahrzeuge erhielten eine Kanone vom Kaliber 10,5 cm hinter einem Schutzschild auf dem Bug, eine Waffe, die in der Regel nur für die aktive Flotte vorgesehen war. Mit zunehmender Luftüberlegenheit der Alliierten 1943/44 wurde die Bewaffnung zwar sichtbar verstärkt, aber sie änderte nichts an der waffentechnischen und militärischen Überlegenheit der Anti-Hitler-Koalition.

Im Mai 2014 brachen wir in Kiel-Holtenau mit dem niederländischen Zweimast-Topsegelschoner »Zephyr« in die westliche Ostsee zu einer Unterwasserexpedition auf. Eines unserer Ziele war das Wrack des Vorpostenbootes V 301 (»Weser«). Das Forschungsgebiet, in denen wir eine Wrackfundstellenerfassung vornehmen sollten, erstreckte sich von der Kieler

Bucht über den Fehmarnbelt, den Großen Belt und den Langelandbelt bis ins Kattegat. Dort wollten wir Untersuchungen an ausgewählten Wracks vornehmen, Archivrecherchen vor Ort überprüfen, Ursachen für den Untergang ermitteln und nach möglichen sicherungspflichtigen konventionellen und chemische Altlasten Ausschau halten. Wir hatten auch meeresbiologische Aufgaben zu erledigen: Feststellung des Wrackbewuchses, Entnahme von Fischproben mit Untersuchung von Belastungen durch Kampfstoffe. Gesucht wurde speziell nach Arsen und Quecksilber, ob und in welchem Maße zulässige Grenzwerte überschritten würden. Es ging schließlich um die Nahrungskette, an deren Ende wir, der Mensch, standen. An an den Tauchplätzen sollten Wassertemperaturen und Salzgehalt festgestellt werden.

Auf Position 54° 43,00 N, 10°52,00 E tauchten wir nach dem Vorpostenboot V 301.

Das Wrack des Vorpostenbootes V 1014 (»Richard Ohlrogge«), das irrtümlich für V 805 gehalten wurde (»Island«). Sie sank im Juli 1943 im Langelangbelt

Kurz nach dem Überfall Nazideutschlands auf Polen wurden die Südausgänge des Großen Belt zwischen der Insel Langeland und Lolland von deutschen Schiffen vermint. Primär sollte verhindert werden, dass Frankreich oder Großbritannien auf diesem Wege Polen zu Hilfe kam. Die Minensperre »Großer Bär« wurde am 4. September 1939 vom Minenschiff »Preußen« mit 136 Minen und dem Sperrübungsfahrzeug MT 1 mit 262 Sprengbojen gelegt. Zur Verstärkung wurde die Minensperre »Jade III« am 7. November – zwei Reihen U-Bootsperre mit 440 Minen – ausgebracht. Am 20. November wurde »Jade VI« mit 242 Minen verlegt.

Die 3. Vorpostenbootflottille bestand aus acht Fischdampfern, die in der westlichen und mittleren Ostsee unterwegs waren. Das zur Bewachung eingesetzte Vorpostenboot »Weser« (V 301) begleitete durchlaufende Schiffe in der etwa 400 Meter breiten Durchfahrt als Lotsenfahrzeug.

Am 25. November 1939 lief die »Weser« westlich der Minensperre »Großer Bär« auf eine Mine und sank, wobei 16 Seeleute ihr Leben verloren. Warum und von welchem Anker sich die Mine vermutlich losriss und zu treiben begann, wurde nicht geklärt. Dass es sich um eine Operation der dänischen Marine gehandelt hatte, kann ausgeschlossen werden.

Das Fischereifahrzeug »Island« lief am 27. November im gleichen Seegebiet ebenfalls auf eine Mine und sank. Auf Grund der Gefährlichkeit sperrte die dänische Marine den Abschnitt, um die Minenlage zu überprüfen. Dabei kam es am 4. Dezember 1939 nordöstlich des Wracks des V 301 zum Verlust des U-Jägers UJ 117 »Gustav Körner« aus der 11. U-Boot-Jagdflottille. Dieser wurde später gehoben und instandgesetzt.

Nach unserer Expedition im Mai 2014 recherchierte ich weiter in Archiven der Wehrmacht und des britischen RAF Bomber Command. Dabei wurde mir klar, dass wir einem Irrtum aufgesessen waren. Auf der Position, auf der wir die V 805 »Island« vermutet hatten, lag V 1014 »Richard Ohlrogge«.

Die V 805 gehörte zur 8. Vorpostenbootflottille, ihr Operationsgebiet war die Nordsee. Sie besorgte den Geleitdienst

Das Expeditionsschiff »Zephyr« aus der Taucherperspektive

Elbe-Rotterdam. Stützpunkte waren Cuxhaven und Wesermünde. Das Schiff wurde am 20. Juli 1943 vor der niederländischen Insel Terschelling versenkt.

Auf Position 54° 43,00 N, 10° 47,00 E lag also das Wrack
des Vorpostenbootes V 1014 »Richard Ohlrogge«, das zur
10. Vorpostenflottille gehörte, welche im September 1939 aufgestellt worden war. Diese bestand zunächst aus Küstenmotor-
schiffen, welche aber nach knapp einem Monat gegen Heringslogger ausgetauscht wurden. Am 1. Oktober 1943 wurde aus
der 10. Vorpostenflottille die 10. Sicherungsflottille. Zwischen
1940 und 1943 befand sich ihr Operationsgebiet vor der dänischen Küste, insbesondere im Kattegatt, im Belt und im Sund.

Im Monat Juli 1943 erfolgte eine Minenoffensive des RAF
Bomber Command. In 15 Nächten wurden 297 Einsätze gegen
Häfen und Küsten geflogen, große Schiffe gingen durch Luft-
minen verloren. So auch am 20. Juli die »Richard Ohlrogge«
im südlichen Auslauf des Langelandsbelts. Mit großer Wahrscheinlichkeit lief sie auf eine der abgeworfenen alliierten
Minen und sank sehr schnell. Wenige Besatzungsmitglieder
konnten durch begleitende Fahrzeuge gerettet werden. Wie
viele Menschen starben, konnte nie ermittelt werden.

Wir tauchten hinunter.

Der Bug war sehr stark zerstört und nach Steuerbord abgeknickt, das bedeutete, dass das Schiff auf eine Mine aufgefahren war. Das Wrack lag in 22 Metern Tiefe auf kiesigem Grund und war 20° nach Steuerbord geneigt, mit dem Bug in 30°–210° Nord-Süd-Ausrichtung. Die Aufbauten waren weitgehend erhalten. Der Brückenaufbau ragte bis in eine Wassertiefe von 15 Metern nach oben. Im Heckbereich befand sich die etwa zwei Meter große, unversehrte Schiffsschraube. Die Sicht war gut, auch ohne Lampe konnte man viel erkennen. Die Orientierung war einfach, das Wrack überschaubar. Aufgrund der Strömung und des Netzbehanges ist das Wrack des »Richard Ohlrogge« allerdings Tauchanfängern nicht zu empfehlen. Die Strömung im Großen Belt beträgt mitunter bis zu fünf Knoten. Taucher sind darum gut beraten, vorm Tauchgang in den Tidenkalender zu schauen.

Bei ungünstiger See und starker Strömung sollte man besser nicht nach unten gehen und längere, dekompressionspflichtige Tauchgänge vermeiden. Schon wenige Minuten an der Bojenleine zehren sehr an den Kräften. Und selbst ein schweres Grundgewicht oder ein Anker können schnell zum Wandergewicht werden, wenn sich einige Taucher in der Dekompression bzw. im Sicherheitsstopp befinden. Andere Taucher, welche sich dann noch am Wrack befinden, könnten möglicherweise zu einem freien, riskanten Aufstieg und mit der Signalboje zur fliegenden Dekompression gezwungen werden.

Zusätzliche Belastungen gehen von vorbeiziehenden Schiffen aus. Die bis zu 30 000 BRT großen Pötte erzeugen mit ihren Schrauben einen ohrenbetäubenden Lärm, der bewusst macht, warum etwa Wale wahnsinnig werden und an Land schwimmen.

Allerdings sind hier Fauna und Flora abwechslungsreicher als vor der deutschen Ostseeküste. Der Salzgehalt ist hier um 1,8 bis 2,4 Prozent höher, weshalb mehr Fischarten anzutreffen sind und der Bewuchs des Wracks üppiger ausfällt. Für Unterwasserfotografen ist das Wrack ein lohnendes Ziel. Neben

der großen vierblättrigen Schraube und anderen Details am
Schiff begeistern die viele Seenelken und Miesmuscheln, See-
anemonen, Röhrenschwämme, Tote Mannshände (nordische
Korkkoralle) und Seescheiden (Manteltiere).

Minensuchboot M 36 vor Langeland

Auf Position 54° 43,00 N, 10° 46,00 E tauchten wir nach dem
Minensuchboot M 36. Seit dem 4. Mai 1945 liegt das Wrack in
27 Meter Tiefe östlich von der Südspitze der Insel Langeland
im Großen Belt.

Das Schiff gehörte zuletzt zur 1. Minensuchflottille, die Minen und Minensperren des Gegners suchen und räumen sollte,
um für Hitlerdeutschland kriegswichtige Fahrstraßen auf See
sowie die Ein- und Auslaufwege der eigenen Häfen und Stützpunkte freizuhalten.

Minensuchboot M 36: Es wurde am 4. Mai 1945 von britischen Bombern
im Großen Belt versenkt. Dort liegt es in 27 Metern Tiefe kieloben

Die 1. Minensuchflottille war bereits 1924 aufgestellt worden, im Sommer 1946 lösten die Alliierten sie auf, nachdem die Hauptminenfelder geräumt waren.

Im September 1939 erledigte sie Minensuch- und Sicherungsaufgaben in der Danziger Bucht, zugleich war die Flottille an der Jagd auf polnische U-Boote beteiligt.

Im April 1940 war sie am »Unternehmen Weserübung« – dem Überfall auf Norwegen und Dänemark – in verschiedenen Kriegsschiffgruppierungen eingesetzt. Danach, bis 1942, übernahm die 1. Minensuchflottille den Sicherungsdienst in der Nordsee, vor Holland, Frankreich und in der Biscaya. 1942 war die Flottille am Durchbruch in der Irbenstraße, dem Hauptausgang des Rigaischen Meerbusens zur Ostsee, und an der Okkupation der Baltischen Inseln beteiligt.

In der Folgezeit bis einschließlich 1944 war die Flottille eingesetzt beim Sicherungs- und Geleitdienst sowie beim Legen von Minensperren vor der Küste der Niederlande und in der Nordsee. Danach, bis einschließlich Kriegsende, bewachte sie die Narwabucht (Standort Reval, heute Tallinn). Mit dem Rückzug der Wehrmacht erfolgten dann Sicherungsaufgaben in der Mittleren und Westlichen Ostsee. Die 1. Flottille wurde laufend aus aufgelösten Flottillen (4., 6., 8. M-Flottille) ergänzt.

Das Minensuchboot M 36, für dessen Wrack wir uns interessierten, war 1940 auf der Schichau-Werft in Travemünde im Auftrage der Kriegsmarine gebaut und am 2. Januar 1942 in Dienst gestellt worden. Das Boot hatte eine Länge von 68,40 und eine Breite von 8,70 Metern. Sein Tiefgang betrug mit voller Ausrüstung bis fast vier Meter, die Wasserverdrängung lag bei 878 Tonnen. Getrieben wurde das Boot von zwei Lentz-Doppelverbund-Einheits-Expansionsdampfmaschinen, die zwei Dreiblatt-Propeller von je 1,75 Meter bewegten. 1750 PS gaben dem Schiff eine maximale Geschwindigkeit von 18,3 Knoten.

Bewaffnet war es mit mehreren Flugabwehrkanonen unterschiedlichen Kalibers, vier MG, vier Wasserbombenwer-

Einschiffen von Einheiten der Wehrmacht in Wilhelmshaven im April
1940 auf dem Schlachtschiff »Hipper«. Sie werden im Rahmen der
Operation »Weserübung«, der Besetzung Norwegens, nach Narvik
überführt. Unter den Soldaten ist auch der Großvater des Autors. 1945
kommt Roman Öser als Gefreiter in französische Kriegsgefangenschaft
und wird für zwei Jahre am ehemaligen »Atlantikwall« deutsche Minen
räumen – wie tausende andere ehemalige Wehrmachtssoldaten

Schiffsschraube des Minensuchboots M 36, das am 4. Mai 1945 von britischen Flugzeugen versenkt worden war

fern, zwei Raketenwerfen und etwa 30 Minen. Es führte mechanische und magnetische Minenräumgeräte mit, gegen Ankertauminen wurden das Scherdrachengerät und das als Bugschutzgerät benutzte Otter-Räumgerät eingesetzt. Gegen Grundminen mit magnetischen Zündern kamen das Kabel-Fernräumgerät, das Schleppspulgerät und das Hohlstab-Fernräumgerät zum Einsatz. Grundminen mit akustischen Zündsystemen bekämpfte man mit Geräuschbojen-Turbine und mit dem Knallkörpergerät.

Zur Stromversorgung an Bord und für die Räumgeräte gab es zwei verschiedene E-Werke, die mit Dieselgeneratoren angetrieben wurden. Die Besatzung zählte bis zu 95 Mann.

M 36 wurde am 4. Mai 1945 von 22 britischen Flugzeugen angegriffen und versenkt. Die Besatzung konnte bis auf zwei Seeleute gerettet werden. Diese verstarben später an den erlittenen Verletzungen. Der Kommandant, Oberleutnant zur See Lassalle, und sein 1. Wachoffizier, Leutnant zur See Johannes

Friedrich Franz Moskau, überlebten. Moskaus Sohn lebt in Ottawa, Tauchkamerad Peter Klink machte ihn ausfindig. Die Details erfuhren wir aus dem Nachlass seines inzwischen verstorbenen Vaters, den wir einsehen durften.

Das Wrack, das wir betauchten, liegt östlich Langeland, am südlichen Ende der Insel, in einer Tiefe von 27 Metern, der höchste Teil des Wracks reicht bis 19 Meter unter die Wasseroberfläche.

Der Steven des Wracks zeigte nach Süden, das Wrack lag mit einer Schlagseite von etwa 110 bis 130 Grad nach Backbord auf festem, kiesigen Grund, also nahezu kieloben. Es war recht gut erhalten, beide Schiffspropeller befanden sich noch an ihrem Platz. Auch beide Ruder waren noch vorhanden, ebenso verschiedene Geschütze unterschiedlichen Kalibers.

Ins Wrack einzudringen war möglich, aber gefährlich, weshalb dringend davon abzuraten ist. Es gab (und gibt) genügend andere interessante Details vom Bug bis zum Heck zu besichtigen, die auch ohne Lampe zu entdecken sind. Auch hier besteht eine kräftige Strömung. Ambitionierte Unterwasserfotografen kommen am Wrack auf ihre Kosten. Neben dem artenreichen Bewuchs am Schiffsrumpf drängen Seesterne und Fische vor die Kamera.

Antenne am Wrack
des sowjetischen U-Boots,
das seit dem
14. September 1989
vor der dänischen Insel
Bornholm liegt

Sowjetisches U-Boot
in schwedischen Schären

So hieß der Schreckensruf wiederholt in den 80er Jahren. Schweden war zwar nicht NATO-Mitglied wie Dänemark oder Norwegen, gehörte aber nach der seinerzeit üblichen Lesart zur »westlichen Wertegemeinschaft«. Und angesichts der im Kalten Krieg vorherrschenden Russophobie stellte niemand, obgleich Moskau doch vehement beteuerte, dass es sich um kein sowjetisches U-Boot handele wie behauptet, diese von allen Medien im Westen unisono kolportierte These in Frage. Warum auch? Die Russen bedrohten aus Prinzip die freie Welt, selbst neutrale Staaten wie Schweden blieben davon nicht verschont.

Jedoch: Wie später publik wurde, handelte es sich nicht um sowjetische, sondern zumeist um U-Boote der NATO, die in die schwedischen Schären eingedrungen waren und unbemerkt wieder verschwanden. Einige Quellen gingen sogar davon aus, dass diese in Abstimmung mit schwedischen Stellen operierten. Hintergrund war die Regierungspolitik von Ministerpräsident Olof Palme, mit der dieser angesichts der Hochrüstungspolitik der Supermächte mäßigend auf beide Seiten einwirkte. Das machte ihn in der NATO bereits der Russenfreundschaft verdächtig. Die Schweden selbst trugen mehrheitlich diesen auf Frieden, Abrüstung und Ausgleich gerichteten Kurs ihrer Regierung. Darum wurde in Washington

Russisches U-Boot der Whiskey-Klasse in St. Petersburg

überlegt, wie man einen Stimmungsumschwung herbeiführen und Ressentiments gegenüber den Russen in Schweden schüren könnte. So erfand man die sowjetischen U-Boote.

Kein geringerer als der weltbekannte schwedische Schriftsteller Henning Mankell machte diese perfide Operation der psychologischen Kriegführung öffentlich. Er verarbeitete sie in seinem 2009 veröffentlichen Roman »Der Feind im Schatten« (verfilmt und ausgestrahlt von der ARD 2012 in der Wallander-Reihe). Die aktive schwedische Neutralitätspolitik wurde durch den NATO-Coup nicht untergraben, Olof Palme aber fiel 1986 einem Attentat zum Opfer. Weil dieses bis heute nicht aufgeklärt ist, hält sich die Annahme, dass es sich um einen Auftragsmord gehandelt haben könnte.

Mich interessierten jedoch nicht fiktive sowjetische oder russische U-Boote, sondern reale. So war mir bekannt, dass westlich der dänischen Insel Bornholm ein solches aus der sogenannten Whiskey-Klasse in etwa 40 Metern Tiefe liegt. Ich tauchte im August 2004 zum ersten Mal hinab.

Die Geschichte des Wracks ist kurios und fernab des Kalten-Kriegs-Geschreis. Ende der 80er Jahre begann die Baltische Rotbannerflotte auch U-Boote auszumustern. Das hing

Ein sowjetisches U-Boot des von der NATO als »Whiskey-Klasse« be-
zeichneten Typs mit konventioneller Bewaffnung, dahinter die britische
Fregatte »Rothesay«, 1987

mit deren Alter zusammen, mit den Abrüstungsplänen der
Moskauer Führung und wohl auch damit, dass die sowjetische
Marine inzwischen modernere U-Boote besaß. Dieses Modell
nämlich fußte auf einer deutschen Vorlage, es handelte sich um
das dieselelektrisch getriebene U-Boot XXI, das bis 180 Meter Tiefe tauchen konnte. In den 50er Jahren waren auf sowjetischen Werften 226 Exemplare davon gebaut worden, die
nun sukzessive ausrangiert wurden. (1985 waren noch etwa

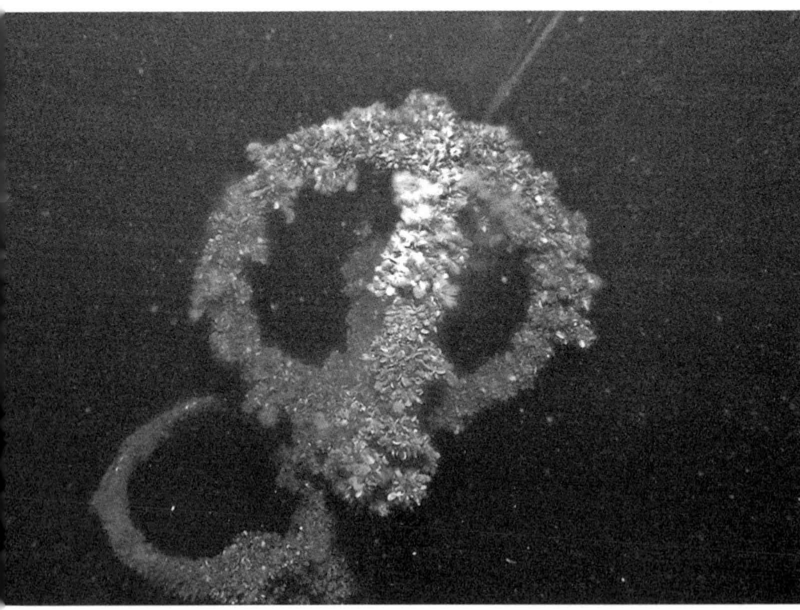

Bewachsene Antennen des vor Hasle liegenden sowjetischen U-Bootes

50 im Dienst, in China sind sie es bis heute.) Die Boote wurden ausgeschlachtet und die 75 Meter lange Röhre als Schrott ins Ausland verkaufte. Drei solcher abgewrackter U-Boote wurden von einem niederländischen Verwerter für etwa eine halbe Million Dollar erworben. Bei der Überführung der drei U-Boote ging eines davon westlich von Bornholm aus ungeklärten Gründen unter. Das war am 14. Dezember 1989.

Da der Schrottwert mit 1,5 Millionen dänischen Kronen veranschlagt wurde und das Wrack ein Hindernis für die Schifffahrt darstellte, machte sich die dänische Firma Österdahl anheischig, das Boot 1991 zu heben, indem man Druckluft in die Röhre blasen wollte. Da aber der Eigentümer im fernen Holland nicht bereit war, das für die Bergung geforderte Drittel des Schrottwertes zu zahlen, schleppte man das Wrack unter Wasser auf Position 55° 14,747 N, 14° 39,504 E. Dort, nordwestlich von Hasle auf Bornholm, liegt es bis heute.

Ich gebe zu, »russisches U-Boot« klingt angesichts der Geschichte der letzten Jahrzehnte geheimnisumwittert, auch wenn man weiß, dass es nichts ist als eine leere Röhre aus Stahl. Für mich war es dennoch spannend und erklärt, weshalb ich mich 2004 durch eines der acht Meter langen Torpedorohre ins Innere zwängte. Das Wrack, das muss ich noch vorausschicken, lag mit einer Krängung von 45 Grad mit Steuerbord auf dem Grund, die Sicht war erstaunlich gut und reichte mancherorts bis zu dreißig Metern. Zunächst inspizierte ich das U-Boot von außen.

Auf dem Turm war, trotz des Bewuchses, die markante Peilantenne RPN-47-03 zu erkennen, sie war auf dem Schnorchel vom Typ »Kogul« montiert.

Über einige Meter in Richtung Bug verteilt befanden sich mehrere Öffnungen. Wie ich aus einem Film wusste, handelte es sich keineswegs um Luken, über die man in das Boot gelangte, sondern es waren Abdeckungen diverser Radar-Teleskopmasten. Unmittelbar vor der Peilantenne fehlte eine solche Abdeckung. Ich entdeckte eine WAN 5-Teleskopantenne und die eingefahrene, Radarstrahlen ortende TRN 800-Teleskopantenne. Ein Eindringen in das Boot durch Öffnungen, wo die Anlagen ausgebaut worden waren, erwies sich als unmöglich. Es ging auch nicht durch das Turmluk. Die obere Vorderseite des Turms war stark lädiert. An dieser Stelle befand sich früher ein verkleideter Fahrstand für die Überwasserfahrt. Inmitten des Fahrstandes und um den Fuß des Turms herumgeschlungen lagen schwere Ketten. Vermutlich gehörten diese zum Bergegeschirr, mit dem versucht worden war, das Boot zu heben. Dabei war der Fahrstand wahrscheinlich zerstört worden.

Einige Meter vor dem Turm inspizierte ich die erste von drei geöffneten Luken im Oberdeck. Dabei handelte es sich um das vordere Torpedoübernahmeluk. Im Hafen wurden dort die Torpedos geladen. Direkt dahinter befand sich eine weitere, schon von Rost überzogene Öffnung. Vermutlich wurden in einem dahinterliegenden Stauraum Taue, Fender und Trossen gelagert.

Ich tauchte hinüber zur Backbordseite und sah in der Linie der Flutschlitze eine Art eingeklappter Flügel in einer Aussparung liegen, das vordere Tiefenruder. Es ruhte während der Überwasserfahrt in der Regel in dieser Aussparung. Weiter vorn in Richtung Bug sah ich einige Dutzend Meter Kette quer auf dem Oberdeck liegen und den Rumpf hinunter in Richtung Meeresgrund verschwinden. Vermutlich ebenfalls ein Teil des beim Hebeversuch verlorengegangenen Bergegeschirrs.

Am Wrack boten sich aber noch viele andere interessante Dinge dem Auge, etwa der mehrere Meter über dem Sandgrund in das freie Wasser ragende Bug mit den vorderen Torpedorohren.

An der Steuerbordseite entdeckte ich an der Turmseite eine geöffnete Tür. Ich steckte die Nase hinein. Es gab nichts zu sehen. Dafür waren die auf den Turm geschweißten Leitersprossen hinauf zum zerstörten Fahrstand üppig überwachsen. Ich tauchte vom Turm aus weiter in Richtung Heck. Die gleichmäßige Linie der Flutschlitze über den Backbord-Tauchzellen war gut zu erkennen. Auf dem Weg zum Heck kam ich an dem an der unteren Hinterkante des Turms angebrachten

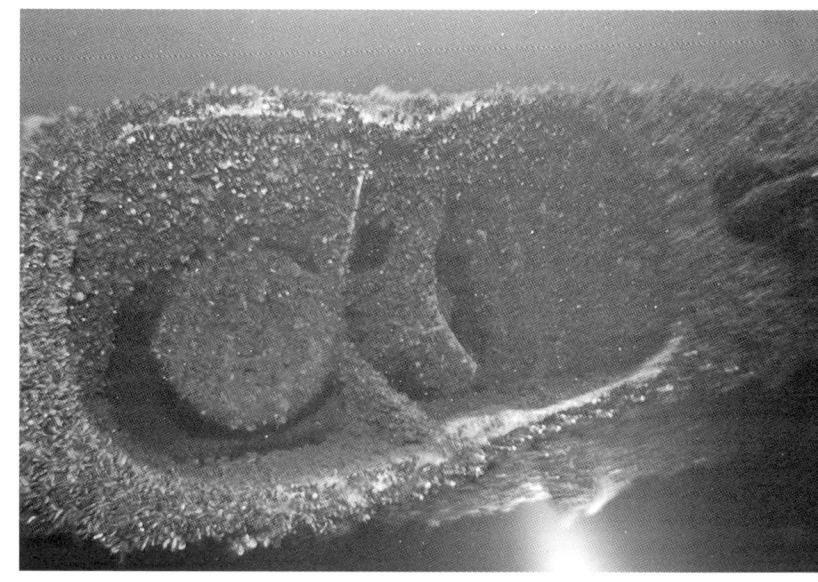

Einstiegsturm des U-Bootes von oben

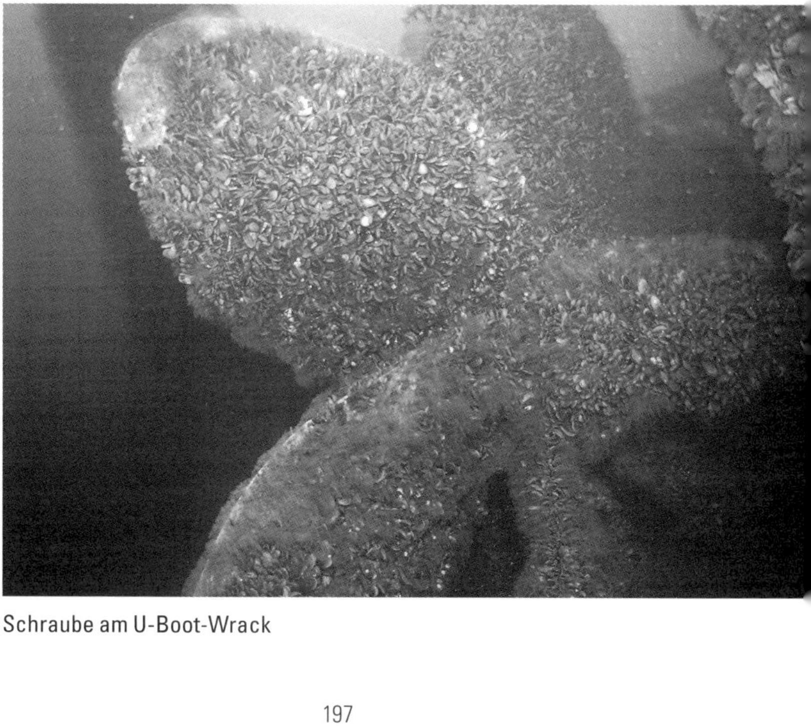

![Schraube am U-Boot-Wrack]

Schraube am U-Boot-Wrack

Positionslicht vorbei. Nur wenige Meter hinter dem Turm gab es ein weiteres geöffnetes Luk an Oberdeck.

Dieses führt zur Messe der Besatzung, unter der der hintere Batterieraum lag, wie ich von Zeichnungen wusste.

Nach einem Dutzend Meter kam das nächste Luk. Dies befand sich über dem Hecktorpedoraum und diente als Notausstieg für die Besatzung.

Auch das Heck mit den Hecktorpedorohren, den beiden Schrauben und der direkt dahinter angebrachten Seiten- und Tiefenruderkonstruktion war gut zu erkennen. Dahinter zog sich eine tiefe Furche auf dem Grund hinaus in die Dunkelheit: Das war die Spur, die die Stahlröhre gezogen hatte, als man sie hierher schleppte.

Ich wollte aber unbedingt in das U-Boot hinein. Aber wie? Ich hatte alle Einstiege untersucht, die dafür infrage kamen und war gescheitert. Was also blieb? Ein Torpedorohr!

Ich schwamm also bei einem zweiten Tauchgang am gleichen Tage zu einem offenen Torpedoladeluk. Im Rohr herrschte Finsternis. Ich wusste, dass es 53 Zentimeter im Durchmesser maß, so weit wie meine Schultern breit. Also musste ich die Taucherausrüstung ablegen und die Flaschen vor mich herschieben, denn anders ging es nicht. Das Rohr, das wusste ich, war zwei Meter lang. Pah, was waren schon 200 Zentimeter? Von Zentimeter zu Zentimeter wurde mir jedoch unwohler. Wenn ich hier steckenblieb, kam ich nie wieder raus, es ging nur vorwärts, nicht zurück. Ich schob mich langsam voran wie eine Schnecke. Du Idiot, sagte ich mir, warum?

Nach einer gefühlten Ewigkeit hatte ich das Ende des Rohrs endlich erreicht, und es war, wie erwartet und erhofft, auch frei. Ich kam in einen Raum, dieser war, wie ich im Licht meiner Lampe erkannte, völlig leergeräumt. Hier war nichts. Ich schwamm mit klopfendem Herzen einmal umher und zwängte mich dann wieder in die Röhre. Für nichts und wieder nichts riskierte ich hier töricht mein Leben. Was hatte ich erwartet zu finden in einem U-Boot, das zum Verschrotten bestimmt war? Wäre Platz in der Röhre gewesen, hätte ich mir vor die Stirn geschlagen. Jedem anderen hätte ich einen solchen Tauchgang strikt verboten, nur mir nicht.

Endlich wurde es ein wenig heller, der Ausgang war in Sichtweite. Erleichtert schwamm ich ins Freie und hängte mir die Taucherausrüstung wieder auf den Rücken.

Oben an Deck musterten mich die Kameraden kritisch.

Ich war über und über mit Schmiere bedeckt. Na klar, die »Aale« genannten Torpedos wurden eingefettet, die Abschussröhren auch, damit die Torpedos problemlos ins Wasser glitten. Ich war, wenngleich nicht annähernd so schnell, zweimal wie ein Torpedo durch das enge Rohr geflutscht und hatte dafür die Quittung erhalten.

Den Taucheranzug konnte ich entsorgen, er war nicht mehr zu gebrauchen.

Im September 2011 war ich nunmehr zum dritten und letzten Mal am U-Boot. Selbst wenn ich die Übung hätte wiederholen wollen, wäre dies nicht gegangen. Die Torpedoladeluke war noch immer einen Spalt offen, die Korrision weiter fortgeschritten. Auch wegen der scharfen Kanten lohnt kein Einstieg mehr, das Wrack ist leer.

Damals, im Mai 2003, war übrigens unweit von dieser Stelle die chinesische »Fu Shan Hai« gesunken, sie ist bis zum heutigen Tage das größte Wrack in der Ostsee. Der 1994 in Shanghai gebaute Frachter hatte 66 000 Tonnen Kunstdünger in Lettland geladen, als der polnische 4000-Tonner »Gdynia«, ein Containerschiff, ihn am hellen Tage und bei spiegelglatter See mittschiffs rammte und die Seite aufriss. Der Wassereinbruch ließ sich nicht stoppen, das 225 Meter lange Schiff sank innerhalb von sieben Stunden. Der polnische Schiffseigner musste 16,2 Millionen Dollar zahlen, weil er fahrlässig die Kollision herbeigeführt hatte.

Ich war natürlich auch an diesem Wrack.

Die Fauna in seiner Umgebung schien mir erheblich üppiger als an anderen Wracks.

Kein Wunder, bei so viel Kunstdünger.

Reinhard Öser am Wrack
eines im Zweiten Weltkrieg
abgeschossenen Bombers
B-17 G der US Air Force

Unterwasserarchäologie und Nachwuchsförderung

Als Unterwasserarchäologe kann man allein oder in der Gruppe tätig werden. Ich bevorzuge die Gemeinschaft, in der man sich gegenseitig unterstützt, berät und arbeitsteilig vorgeht. Und es befriedigt, Erfahrung und Wissen weiterzugeben.

Die meisten Unterwasserarchäologen sind Amateure, keine Akademiker, die dieses Fach studiert haben. Sie betreiben ein anspruchsvolles Hobby und leisten damit auch eine gesellschaftlich nützliche Arbeit, sofern sie mit den entsprechenden wissenschaftlichen oder staatlichen Institutionen kooperieren. Das Rüstzeug dazu kann man in diversen Lehrgängen erwerben. Die Interessengemeinschaft Marine Research Germany beispielsweise »unterrichtet« die Fachbereiche Denkmalgerechtes Tauchen, Schiffs- und Wrackarchäologie, Meeresbiologie, Chemie, Denkmalschutzgesetze. Aber auch brisante Themen wie Altlasten in der Ostsee, Bioakkumulation in der Nahrungskette der Meerestiere und ähnliches werden den Tauchern vermittelt.

Der rote Faden, der sich durch alle Seminare zieht: der schonende Umgang mit unseren Unterwasserdenkmalen. Sie sollen auch von den nachfolgenden Tauchergenerationen gesehen und erlebt werden können. Deshalb ist es nötig, dass regelmäßig der Zustand der Zeugnisse aus vergangener Zeit unter Wasser überprüft wird und, sofern erforderlich, Sicherungsmaßnahmen eingeleitet werden. Wer Gegenstände privat entnimmt, ist ein Dieb, wer in Wracks, in denen Menschen starben, plündert, stört die Totenruhe. Das ist justitiabel. Eigentümer der Denkmale und historischen Zeugnisse auch unter Wasser ist das Land. Es lässt sich nicht ungestraft bestehlen. Es geht jedoch vorrangig um die fachgerechte Konservierung und Dokumentation.

Ein Spezialgebiet der maritimen Archäologie ist die Schiffs- bzw. Wrackarchäologie. Wir unterscheiden dabei zwei Verfahren: zum einen die tauchergestützte Untersuchung, zum anderen die Untersuchung mittels Technik. Tauchrobotor (ROV) setzt man in großen Tiefen ein oder wenn ausgedehnte Areale untersucht werden müssen.

Ein wichtiges Instrument zum Aufspüren von Wracks ist die Sidescan-Sonartechnik, eine auf Schall basierende Technik zur Ortung und Klassifizierung von Objekten im Wasser oder auf dem Grund von Gewässern jeder Art. Sie wird sowohl im militärischen Bereich (U-Bootjagd, Minenortung etc.) als auch in der Wissenschaft (Biologie, Geologie, Unterwasser-Archäologie) und im privaten Bereich (Schifffahrt allgemein, Fischerei) eingesetzt. Auch Rettungsorganisationen verwenden hochauflösende Sonar-Systeme zur Ortung Ertrunkener.

Das Prinzip aller Sonar-Systeme ist simpel: Es wird eine Schallwelle erzeugt, deren Echo registriert und aus der gemessenen Laufzeit der Welle die Entfernung zum reflektierenden Objekt errechnet. Beim Sidescan-Sonar werden gleichzeitig zwei fächerförmige Impulse (»pings«) quer zur Fahrtrichtung des Schiffes ausgesendet, jeweils einer nach links und einer nach rechts. Die zwei »pings« erzeugen durch ihre breite Fächerform eine große Anzahl an Echos.

Die Ostsee, in der wir operieren, ist ein »dynamisches Gewässer« mit Strömungen und Wellengang. Das führt dazu, dass Wracks mit Sedimenten überlagert werden oder im Mud, dem Schlamm, versinken. Deshalb müssen wir nach dem Auffinden alles festhalten, dokumentieren und später regelmäßig mögliche Veränderungen festhalten. Wie an Land gibt es auch

Judith und Henning Ullrich aus Thüringen, Schüler der 9. Klasse damals, die den Taucherschein in einer Schüler-AG erworben hatten. Sie absolvierten im Mai 2015 ein Praktikum an Bord der »Zephyr« und realisierten ein einwöchiges Programm in Zusammenarbeit mit dem Institut für Ostseeforschung Warnemünde und dem Ozeaneum Stralsund: Sie bestimmten den Salz- und Phospatgehalt in der Ostsee und vermaßen Seesterne. Reinhard Öser half dabei

unter Wasser eine Stratigraphie, also die Feststellungen von Ablagerungsschichten und darauf fußende Altersbestimmungen. In den Seminaren lehren wir die denkmalgerechte Freilegung von Details und deren präzise Vermessung sowie Dokumentation insbesondere mit Hilfe der Unterwasserfotografie.

Beim Auffinden menschlicher Überreste informieren wir den Volksbund Deutscher Kriegsgräberfürsorge, sofern es sich um Kriegshinterlassenschaften handelt. Mit dieser Institution arbeiten wir eng zusammen. Gemeinsam können wir die Soldaten identifizieren. Dann werden die Angehörigen – meist sind es die Kinder und Kindeskinder – informiert und die Gebeine bestattet, sofern nicht entschieden wird, sie dort zu belassen,

Tauchen mit Schülerpraktikanten in der Ostsee

wo sie sich befinden. Diese Menschen starben im Meer, dort sollen sie auch ruhen, bis die Natur ihr Werk vollendet hat.

All das wird an Bord in Seminaren vermittelt. Dem schließt sich eine Prüfung an. Wird sie erfolgreich bestanden, gibt es ein Brevet in Unterwasserarchäologie/Wracktauchern vom Tauchverband German Technical Diving Assosciation e. V. in Deutschland.

Bordpraktikum für Schüler in Meeresbiologie- und -chemie

Als Interessengemeinschaft Marine Research Germany und der Marinekameradschaft Kampfschwimmer Ost e. V. Kühlungsborn bieten wir in jedem Jahr einer ausgewählten Gruppe von Schülern der 9./10. Klassen an, unsere Forschungsarbeit an Bord eines Großseglers kennenzulernen. In die Mannschaft integriert, erhalten die Schüler praktischen Unterricht in verschiedenen Bereichen der Seemannschaft. Sie arbeiten mit bei An- und Ablegemanövern, beim Hissen und Reffen der Segel und dürfen auch schon mal einen Zweimast-Segelschoner von 40 Metern Länge steuern. Natürlich ist es von Vorteil, wenn die Schüler bereits über einen Tauchschein verfügen, was mit 15 Jahren durchaus realistisch ist.

Wir fördern Neugier und Forscherdrang auf unterschiedliche Weise, bewährt haben sich dabei konkrete Projekte. Bei der Forschungsexpedition im Mai 2015 untersuchten wir beispielsweise die Seesternpopulation (Asterias Rubens) in der Westlichen Ostsee, worauf sich insbesondere die Zwillinge Judith und Henning Ullrich aus Dittersdorf in Thüringen konzentrierten. Daneben erfolgten Messungen zur Salinität und wurde Arten von Muscheln und Wasserpflanzen unter Wasser bestimmt. Unterstützung erfuhren wir durch das Team um Dr. Thomas Förster von Ozeaneum in Stralsund. Bei diesem Projekt war es wichtig, dass die Schüler unter fachlicher Anleitung an verschiedenen Stellen der Westlichen Ostsee Seesterne untersuchten, welche aber wegen des Tier- und Artenschutzes wieder am Ort der Entnahme wieder in See verbracht wurden.

Hier der Bericht von Judith und Henning Ulrich:

»Für uns war die Expedition sehr aufregend. Da wir davor noch nicht viele Tauchgänge absolviert hatten, mussten wir uns erst an die Bedingungen in der Ostsee gewöhnen. Die Wellen und das kalte Wasser stellten für uns am Anfang Probleme dar, bald kamen wir damit aber zurecht. Es war toll, auf einem Schiff zu wohnen, auch wenn es wenig Platz gab.

An einem Tag war so hoher Seegang, dass wir nicht tauchen konnten. Wir mussten an Land bleiben, aber auch dort war es schön. Am Strand gab es viel zu sehen. Die Tauchgänge waren aber natürlich das Interessanteste an der Expedition. Wir sahen verschiedene Wracks, welche sehr beeindruckend waren. Vor Jahrzehnten sanken diese Schiffe. Es war ein bisschen wie eine Zeitreise. Auch die Lebewesen auf dem Meeresgrund waren bemerkenswert. Es gab viele Wasserpflanzen, aber auch Krebse, Fische und Seesterne.

Vater Jörg Ullrich, einst Kampfschwimmer bei der Volksmarine, war beim Praktikum mit dabei und verfolgte die Arbeit seiner Zwölfjährigen an Bord der »Zephyr« hinter der Kamera. Rechts Smutje Georg

Seesterne (Asterias Rubens) vermessen

Um Seesterne drehte sich ja auch unser Forschungsprojekt. Wir wollten herausfinden, wie sich die Größe der Tiere im Verhältnis zum Salzgehalt des Wassers verändert. Nicht jede Stelle der Ostsee weist die gleiche Zusammensetzung auf. Die Gebiete, die näher an der Nordsee und somit näher am Ozean liegen, sind wesentlich salzhaltiger als die Gebiete, die weiter davon entfernt sind.

Wir fuhren durch die Kieler Bucht und die Flensburger Förde. An den Tauchplätzen sammelten wir immer einige Seesterne ein. Dabei wurden wir von den anderen Expeditionsteilnehmern unterstützt. Wir maßen dann die größte Spannweite der Seesterne an Bord aus. Bei einigen Seesternen waren die Arme unterschiedlich lang, und ein paar wenige hatten sogar vier oder sechs Arme. Eigentlich haben die Seesterne, die in der Ostsee leben, nur fünf Arme. Manchmal passiert es aber auch, dass ein Krebs, der ein natürlicher Feind der Seesterne ist, einen Arm abzwickt. Dieser Arm wächst dann aber innerhalb einiger Wochen wieder nach.

Insgesamt vermaßen wir 100 Seesterne. Wir bestimmten zusätzlich den Salzgehalt des Wassers. Da der Unterschied des Salzgehalts an den verschiedenen Tauchplätzen nur minimal war, war auch die Größe der Seesterne ziemlich gleich. Ausschlaggebend war wahrscheinlich die Fundtiefe. Eigentlich müssten die Seesterne mit zunehmendem Salzgehalt auch größer werden, da sich das Nahrungsangebot vergrößert. Im Durchschnitt waren die Seesterne 8,7 Zentimeter groß, der kleinste Seestern maß gerade mal einen, der größte 23,3 Zentimeter. Die meisten Seesterne lagen aber im Bereich von vier bis neun Zentimetern.

Der durchschnittliche Salzgehalt betrug 1,018 Prozent und die Wassertemperatur an der Oberfläche blieb konstant bei elf bis zwölf Grad Celsius.«

Bildnachweis

Robert Allertz S. 84; Archiv Thomas Förster S. 58, 66; Archiv Marine-schule Flensburg-Mürvik S. 48, 134, 162, 167, 172, 176, 180, 185, 187; Archiv Marine Research Germany S. 17, 20, 26, 29, 33, 43, 53, 62, 68, 94, 108 (2), 109 (2), 124, 125, 126, 130 (2), 136, 155 (2), 178, 190, 192, 193, 194 (2), 197 (2), 200; Archiv Klaus Mattes S. 64, 65; Archiv Militärhistori-sches Museum Berlin-Gatow S. 70, 76 (2), 79; Archiv Wolfgang Müller S. 37, 45, 85, 86; Baltic Taucherei und Bergungsbetrieb Rostock S. 122, 127, 128; Sebastian Dellwig S. 87, 112; Fiskemuseet Hönö Klova S. 114, 115; Wolfgang Frank S. 72 (2), 74, 75 (2), 78, 80; Michael Heßler S. 141, 142, 181, 183; Thomas Jaehnig S. 120; Peter Klink S. 150, 188; Andreas Kloft S. 18, 21, 22, 24, 31, 32, 34; Stefan Nehring S. 129; Dietmar Scholten S. 119; Stadtarchiv Emden S. 57; Stadtarchiv Flensburg S. 14; Kay Ste-phan S. 12, 16, 38, 46, 50, 52, 54, 82, 132, 135 (2), 138, 144, 154, 156, 157, 158, 175, 204; Jörg Ullrich S. 203, 206 (2)

ISBN 978-3-360-01305-7

© 2016 Verlag Das Neue Berlin, Berlin
Umschlaggestaltung: Buchgut, Berlin,
unter Verwendung eines Fotos von Andreas Kloft
Printed in EU

Die Bücher des Verlags Das Neue Berlin
erscheinen in der Eulenspiegel Verlagsgruppe.

www.eulenspiegel.com